366日の幸せ
My
Calendar
の本

マイ・ホロスコープ
BOOK

本当の自分に出会える本

賢龍雅人
Masato Kenryu

Prologue
はじめに

　この本のタイトルにもある「ホロスコープ」とは、ギリシア語で「時間」と「観察者」を意味する「ōra」と「scopos」に由来しており、もとは「東の地平線から昇ってくる星を観測する」ことを意味していました。これは、今では、とある瞬間の星の配置図＝チャートのことを指しています。

　ホロスコープを通して、何が見えるのでしょうか？　それは、この本のテーマでもある「本当の自分」です。誕生日、生まれた時間と場所。自分だけのデータをもとに出したホロスコープには、基本性質や人生のメインテーマに対する価値観が表れるのです。

「私は何になりたいの?」「どうすれば、自分の魅力が伝わるの?」「なぜ、何度も同じ失敗を繰り返してしまうの?」など、誰にでも、自分自身のことがわからなくなることがあると思います。では、そんな時どうしたらいいのでしょう?

　人と話しながら自分の気持ちを整理したり、自己啓発本やエッセイをヒントにしたり。心理カウンセラーに相談するのもいいでしょう。そう、自己分析のツールは様々です。
　その中の1つに「占い」という選択肢もあります。例えば、人気のタロットカードや数秘術。そして、星占い＝ホロスコープ診断。

　私は東京の有楽町で、10年以上にわたり、対面鑑定を行っている現役の占星術師です。多い時には、1週間で60人以上のホロスコープを解読しています。

　この本は、プロの占い師が行っているホロスコープのリーディング、いえ、それ以上の技術を駆使した方式を使い、自分自身で本格的な自己分析ができることを目的としました。実際に、鑑定で質問されることや、皆さんが自分で知りたいと思っているようなことを中心に、70の分析項目と、ホロスコープを使った分析のしかたを並べています。

　この本が、本当の自分と出会うきっかけになり、誰かの人生の指針として役立つことを願っています。

賢龍雅人

Contents

002 はじめに

008 ホロスコープって、何?

009 この本の使い方

010 マイ・ホロスコープ早見表の作り方

013 CHAPTER 0 **ホロスコープで自己分析**

014 純度100%の自分を知る

016 占いという"視点"から見えるもの

017 ホロスコープは最強の自己分析ツール

021 CHAPTER 1 **自己分析 50**

基本性質・価値観

022 自己分析 1　私が本当にやりたいことって?

024 自己分析 2　私って、人にどう思われたい?

026 自己分析 3　私らしさと第一印象って?

028 自己分析 4　私が得意なことって?

030 自己分析 5　私の苦手&課題って?

032 自己分析 6　私が心から楽しめることって?

034 自己分析 7　私の怒りのポイントって?

036 自己分析 8　私が人生で「愛」を注ぐものって?

038 自己分析 9　私が心から安心できる場所って?

040 自己分析 10　私が抱えがちな秘密は?

042 自己分析 11　私はどんな感情に縛られやすい?

044 自己分析 12　私が漠然と不安を感じることって?

046 自己分析 13　私は「1人時間」をどう過ごすと充実?

048 自己分析 14　SNS上の私ってどんな性質?

050 自己分析 15　私がSNS上でストレスを感じやすいこと&ケア術

巻末
付録

書き込み式

マイ・ホロスコープ
早見表
＆
自己分析シート

対人傾向

052　自己分析 16　私の基本的な対人傾向って？

054　自己分析 17　私が周りに気に入られやすいポイントって？

056　自己分析 18　私はどんな人に苦手意識を抱いてしまう？

058　自己分析 19　私に元気をくれる人ってどんな人？

060　自己分析 20　私と相容れないのはどんな人？

062　自己分析 21　私が思っていることを一番うまく伝える方法は？

064　自己分析 22　苦手意識のある人との上手な向き合い方って？

066　自己分析 23　私が初対面の人と距離を縮めるコツって？

068　自己分析 24　私の公私でのギャップって？

070　自己分析 25　私の人生のキーパーソンとなる人って？

恋愛・結婚観

072　自己分析 26　私の基本的な恋愛傾向って？

074　自己分析 27　私の基本的な結婚観って？

076　自己分析 28　私の理想の相手って？

078　自己分析 29　私の理想の相手がいる場所って？

080　自己分析 30　私がパートナーに求めることって？

082　自己分析 31　私がどうしても許せないことって？

084　自己分析 32　私が好きな人にアピールする効果的な方法って？

086　自己分析 33　恋において私は依存的？　自立的？

088　自己分析 34　セックスについての私の考え方って？

090　自己分析 35　私は「許されざる恋」に縁がある？

仕事観・働き方

092 自己分析 36 私がやりがいを感じる仕事って？

094 自己分析 37 私はどんなチームに向いている？

096 自己分析 38 私が組織の中で才能を発揮しやすいポジションは？

098 自己分析 39 私が作業に集中できる環境・時間帯って？

100 自己分析 40 私のスランプ脱出＆ストレス解消法って？

102 自己分析 41 職場での嫉妬・怒りの対象とその向き合い方って？

104 自己分析 42 私はどこまで仕事にストイックになれる？

106 自己分析 43 私って緊張しやすい？　勝負所での力の出し方

108 自己分析 44 私の新しい働き方への対応力って？

110 自己分析 45 私の1日を締めくくる最高のご褒美って？

金銭感覚

112 自己分析 46 私はお金を"どう"使うタイプ？

114 自己分析 47 私はお金を"何に"使うタイプ？

116 自己分析 48 私に向いているお金の稼ぎ方って？

118 自己分析 49 私が出し惜しみすべきではない出費って？

120 自己分析 50 私が得やすい副収入、向いている副業って？

122 CHAPTER 2 相性分析15

あの人との関係

124 相性分析 51 私とあの人の波長・テンションって合う？

126 相性分析 52 私とあの人でやると楽しさが倍増するものって？

128 相性分析 53 どんなスタンスで接するとあの人と良好な関係に？

130 相性分析 54 あの人とトラブルになりやすいことって？

132 相性分析 55 私があの人が手を組むと何を生み出せる？

134 相性分析 56 私とあの人、主導権を握るのはどっち？

136 相性分析 57 私とあの人、ずばりどう影響し合う？

138 相性分析 58 あの人のモチベーションを私が引き出すためには？

140 相性分析 59 あの人とのケンカ中や一時的に気まずい時の対処法って？

142 相性分析 60 あの人が一番喜んでくれるプレゼントって？

144 相性分析 61　あの人と長くつき合うために意識すべきことは？

146 相性分析 62　2人のちょうどいい"距離感"って？

148 相性分析 63　私のチームの雰囲気って？

150 相性分析 64　冷え切ったあの人との関係を改善するためには？

152 相性分析 65　私があの人の"心"を支えるためにできることは？

154 Column　　3人以上の相性について

156 CHAPTER 3 　分析のしくみ
　　　　　　　　＋実践的自己分析5

158　ホロスコープ自己分析のしくみ

160　ホロスコープ自己分析の基本ルール

162　惑星キーワード集

164　星座キーワード集

167　ハウスキーワード集

170　アスペクトヒント集

実践的自己分析5

171 自己分析 66　私がつい、見栄を張ってしまうシーンって？

172 自己分析 67　私が成長できる場所って？

　　自己分析 68　私が心の奥で改革を望んでいることは？

173 自己分析 69　私の直感(勘) が冴えるのはどんな場面？

　　自己分析 70　私が以前、諦めた・終わったことを復活させるカギは？

174　おわりに

ホロスコープって、何？

ホロスコープとは、星占いで使うチャートのこと。
下図のような、とある瞬間の、星の配置図のことです。
主に、惑星、星座、ハウスという3つの要素があります。

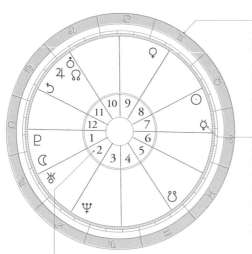

星座

惑星が移動する道を12のステージに分けたもの。惑星が、どのような形・意味で表れるかを示します。例えば、「恋愛や結婚観」というテーマを持つ金星が、「情緒的・ロマンティック」な魚座にあれば、恋愛体質になりやすいとか、「古風・野心」の山羊座にあれば、少し堅い結婚観を持っているかも……という分析に。

惑星

10の惑星は、性質や価値観、運勢などのテーマを表します。例えば、月（占星学上では、月も惑星の1つに数える）は「本心はどうか」、太陽は「人にどう見られたいか」、金星は「恋愛や結婚観はどうか」……など。日常的、身近なテーマは、月、太陽、水星、金星、火星を、長期的なテーマは木星、土星などを見ます。

ハウス

ホロスコープ上で特に大きな意味を持つ太陽。その太陽が、昇って（生まれて）沈む（死ぬまで）の1日のサイクルを12分割にしたもの。出生時間によって変動する情報。惑星や星座の特徴が、どのような場、形で表れるかを示します。例えば、金星が「見た目」を表す1ハウスにあるなら、その星座から好みの容姿が見えてきたりするのです。

とある人の、「生まれた瞬間」のホロスコープを、出生図（**ネイタル・チャート**）と言います。このチャートが示すのは、その人が生まれ持った基本的な性質や価値観。性格占いなどで使われるチャートです。生年月日＋出生時間で算出します。本書で扱うホロスコープとは、この出生図のことです。

ちなみに、**とある日の運勢や雰囲気を探るのが経過図（トランジット・チャート）**と言われるもの。今日の占いや未来の運勢を読む時に使われるチャートです。同じマイカレンダーの本シリーズの『星占いを"使う"本』（鏡リュウジ著）で扱っているのが、この経過図。また、個人鑑定では、ネイタル＆トランジットの2つをかけ合わせて、**星の角度（アスペクト）**なども併せて分析したりします。

［ この本の使い方 ］

本書は、あなたのホロスコープ（出生図）の情報を余すことなく使い、
あらゆる角度から自己分析ができるしくみになっています。
次の3ステップで、「本当の自分」を探ってみて！

STEP 1 マイ・ホロスコープ早見表を作る

「マイ・ホロスコープ早見表の作り方」（P10）を見て、巻末の「マイ・ホロスコープ早見表」に、あなたの出生図の情報を書き込んでください。また、第2章「相性分析」では、特定の人との相性を占えます。相性を知りたい人の生年月日から「あの人のホロスコープ早見表」も完成させましょう。こちらは誕生日のみでもOK。この早見表を開いたまま、STEP2に沿って分析を進めます。

STEP 2 各項目の「分析のしかた」をチェック

各分析項目にある「分析のしかた」は、ホロスコープのどこを見ればいいか、あるいは使えばいいか、というロジック。マイカレハルコ／アキオのホロスコープの例も交え、星占いの知識が0でも、簡単に分析できるようにしています。巻末の「星のデータ」にある、支配星一覧、アスペクト表、ハウス表、モダリティー一覧、エレメント一覧などの情報を使う場合もあります。

STEP 3 結果を「自己分析シート」に書き込む

第1章・自己分析1～50、第2章・相性分析51～65は、各ページで分析結果が読めます。それを読んで、あなたなりの感じ方、表現で、巻末の「自己分析シート」に結果を書き込んでいってください。

また、第3章・自己分析66～70は、もう少し実践的にホロスコープを使います。「分析のしかた」のみ記載しているので、それをもとに惑星や星座、ハウスのキーワード表をもとに、自己分析してみましょう。すべての結果を「自己分析シート」という1枚の紙で俯瞰した時に、「本当の自分」が浮かび上がってくるはずです。

［ マイ・ホロスコープ早見表の作り方 ］

① ホロスコープの出し方

ホロスコープは、ネットで「ホロスコープ　作成」などで検索すると、算出できるサイトが多数出てきます。基本的には、生年月日、出生時刻、出生地を入力するだけ。名前はペンネームでOK。特におすすめなのは、次の2つのサイトです。

おすすめの ホロスコープ算出サイト

「Astro.com」

特に中〜上級者に便利な、占星術ポータルサイト。「ホロスコープ各種チャート作成→出生図、上昇点」にアクセスし、必要な情報を入れると、無料でホロスコープを作成できます。

「ゴイスネット」

初心者にわかりやすいサイト。トップの占星術アイコンから、「ホロスコープチャート作成→出生図 作成」にアクセス。情報を入力すると、本書の早見表に必要な情報がわかります。

［ 星のデータ 解説 ］

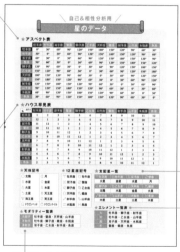

アスペクト表

アスペクトとは、星や座同士の「角度」のこと。それぞれに意味を持つ2つの要素が、いい角度なのか悪い角度なのか、影響の少ない角度なのかなどを見て分析します。

ハウス表

ホロスコープを、1日の太陽の動きをもとに1〜12に分けるのがハウス。相性分析の過程の中でも、ある要素から見て、ある要素が何ハウスにあるかを見る分析が。

モダリティー一覧

12星座の基本的な行動パターンの分類。積極的な活動宮、慎重な不動宮、臨機応変な柔軟宮の3パターンに分類されます。大まかな性質や相性分析においてチェックします。

支配星一覧

支配星とは、守護星とも言われ、12星座を文字通り支配する惑星。その星座と似ている象意を持っています。より掘り下げた分析をする時にチェック。

蠍座は冥王星、水瓶座は天王星、魚座は海王星も支配していますが、本書では、より影響を実感しやすい月〜木星で分析します。

エレメント一覧

12星座の基本性質の分類。火・地・風・水の4つのエレメントに分けられます。星座の大まかな性質を把握したり、相性を分析したりするのに重要な要素の1つです。

②ホロスコープ情報を 書き込む

マイ・ホロスコープ＆あの人のホロスコープ早見表に書き込むのは、以下の2つの情報です。

A 惑星の位置

太陽や月など、各惑星がどの星座＆ハウスに位置しているかを、ホロスコープ上でチェックします。例えばマイカレハルコのホロスコープを見ると、太陽は牡牛座、そして7ハウス枠内にあることがわかります。太陽の欄に、牡牛座／7ハウスと書き込みます。

B 星座のハウス

太線＝1ハウスを基準として、各ハウスの区切りの線（ハウスカスプ）が、どこの星座上にあるかをチェックします。マイカレハルコのホロスコープを見ると、1ハウスの星座は天秤座、2ハウスは蠍座……と、12星座順になっているのがわかります。

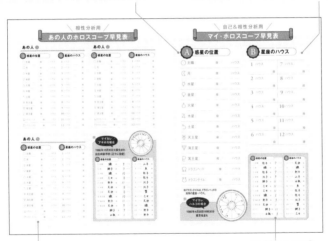

あの人のホロスコープ早見表

基本的に「マイ・ホロスコープ早見表」と同様。ただし、本書では相手の出生時刻までの把握は困難と想定し、相性分析で相手のハウス情報は使わない分析のしかたにしています。ホロスコープサイトでは、仮に正午に入れるか、上記のソーラーチャートで算出してみて。セルフで相性を分析する時も、このハウスを参考にしてOK。マイカレアキオの例は、正午の設定です。

マイカレハルコの
ホロスコープの場合…

ホロスコープで
自己分析

何かと「比較」や「人目」が影響しがちな自己分析。
しかし、ありのままの自分を知りたい……。
そこで最適なのが、ホロスコープ自己分析という選択肢。
「星」を使った、自己分析のしくみと魅力を解説します。

純度100%の自分を知る

突然ですが、あなたに問います。

「本当の自分」ってどんな人ですか?

　SNSやネットの情報の嵐にさらされ、オンラインでの暮らし方、働き方など新しい"当たり前"が次から次へと生まれてくる……。無自覚に、何かとの"比較"で自分という人間を測ってしまってはいないでしょうか?

　図らずも、昨今の自粛ムードの中で、改めて「本当の自分」について考える時間が多かったと思います。実際、占い鑑定の現場でも、「自分が将来、何をしたいのかわからない」「本当に結婚したいのかわからない」といった悩みをたくさん聞くようになりました。

　占星術的な視点で言えば、いわゆる風の時代を迎えて、組織、つまり上下関係を重視して足並みをそろえることをよしとする時代から、人や古い価値観に左右されない個性こそが重要だ、という流れになっています。

　誰かと比較して優劣をつけたり、何かに合わせて自分をパッケージする時代は終わりつつあるのです。その空気を肌で感じ、己の個性と向き合わなければ、と焦っている人も多いように感じます。

人生観、恋愛観、結婚観、仕事観、金銭感覚……。一概に「本当の自分」といっても、複雑に、あらゆる価値観が絡まり合って形成されています。その1つひとつを解き明かしていく。それが本書のテーマでもある、自己分析という試みです。

　自己分析といえば、入試や就活で実践した人も多いはず。社会に出て、転職などのタイミングで、改めて分析した人もいるでしょう。

　そのような、オフィシャルな動機から自己分析をする時、どうしても「誰か」を意識してしまう傾向があります。例えば、面接官によく思われようという心理が働き、本心と違う回答を出したり。

　しかし、先にも述べたように、もうそんなことは求められない時代なのです。この本のテーマは「誰にも媚びない、自己分析」。純度100%の自分を探るための本だと思ってください。それが結果的に、就職や転職活動での自己分析を「深める」ことにもなります。

　本書では「基本性質・価値観」「対人傾向」「恋愛・結婚観」「仕事観・働き方」「金銭感覚」「あの人との関係」とシーンごとに、丁寧に分析していきます。あなた自身で、あなたの"本性"を暴いてください。すると、新しい時代での生き方が見えてくるはずです。

占いという"視点"から見えるもの

　自己分析、といってもその手段は、心理学や医学をベースにしたものなど様々。この本は、その手段の1つとして「ホロスコープ」、すなわち星占いを使って分析していこう、という本なのです。

　純度100％の自分にアプローチするには、手段が多いに越したことはありません。

　星占いというのは、科学や統計学に基づくものではなく、とはいえオカルトやスピリチュアルとは違う、特別な立ち位置に存在します。ロジカルなのだけど、その大元は星や神話といった、非科学的なもの。

　1つ確かなことはその歴史。古代ギリシアより現代に至るまで、活用され続けています。それだけ、人を納得させる魅力があるのでしょう。

　よく、成功している人ほど占い好きと言われますが、妄信しているというわけではありません。占いという1つの視点から観察して、判断材料の1つにしているのです。

ホロスコープは、最強の自己分析ツール

そもそも、ホロスコープとは何でしょう。

その答えは、"とある瞬間の"星の配置図です。P8にあるような、チャートのこと。例えば、惑星がどの星座の領域を通過する瞬間だったのか……など。実は星占いとは、このホロスコープを解析する作業のことなのです。

人の性質や価値観は、その人の"生まれた瞬間"のホロスコープ（＝出生図）をもとに分析します。これは、生年月日と出生時刻、出生地から算出する、同じものは2つとない唯一無二のパーソナルデータ。

このホロスコープ上で、太陽は牡羊座だからこんな傾向が、水星が水瓶座だからこういう側面もある……と、あらゆることが見えてきます。

ちなみに、よくテレビや雑誌の占いで出てくる「あなたの星座」とは、この出生図において太陽が位置する星座のことです。例えば、私は射手座だと言っている人は、太陽が射手座を通過していた瞬間に生まれた人、ということになります。

しかし、太陽の他にも、水星や金星などの惑星もあれば、星座以外にもハウスという概念があります。太陽星座の占いで「当たってる〜！」と感じる人も多いかもしれませんが、それさえもホロスコープの要素の一角にすぎません。

詳しくは、第3章で説明しますが、ホロスコープを読むうえで、惑星（占星術上では「月」も惑星）、星座、ハウス、そして星の角度を表すアスペクトが重要なポイントになります。

基本的には、惑星は「何が」、星座は「どのように」、ハウスは「どんな場面で」「どこで」などを意味します。これらすべてを使って、自分を多角的に分析すれば、あなたのあらゆる側面の"本質"にたどり着ける。そう、ホロスコープは最強の自己分析ツールなのです！

わかりやすい例で言えば、金星は恋愛、山羊座は堅実、水瓶座は自由という意味があります。つまり、金星が山羊座の人は少し堅い恋愛観、水瓶座の人なら自由、例えば、夫婦別姓や同性婚にも寛容な感覚を持っているのかもしれません。

それが、見た目や外見を意味する1ハウスにあるなら、堅い恋愛観の場合、服装やヘアスタイルも優等生っぽい、自由な恋愛観なら、個性的なファッションの人が好み……といった解釈もできますね。

さて、少し難しい話をしてしまいましたが、本書での自己分析は、いたって簡単です。これらの要素をどう使って、どう分析すればよいか、各項目の＜分析のしかた＞で解説しています。占いの知識がまったくなくても「マイ・ホロスコープ早見表」を見ながら、分析を進められるので、安心してくださいね。

　各分析項目では、分析（占い）結果を導き出していますが、それはあなたの性質を決めつけているものではありません。心の奥深くへ導くまでです。最終的には、自分で、本当の自分に気づく。そのプロセスが、真の納得感と自己理解につながります。

　それが、ホロスコープ分析の最大の利点。確かに、学問や科学的根拠による分析は、説得力があります。しかし、どうしても答えを決めつけられているような感覚になるかもしれません。つまるところ、「本当の自分」とは答えのないものだからでしょう。どれだけ「近づけるか」が重要なのです。

　早速、50の自己分析＆15の相性分析を、さらに第3章ではホロスコープ分析のしくみそのものを理解し、実践的な5つの自己分析を実践していきましょう。本当の自分に出会えるだけでなく、定期的に見失う本当の自分に、自らアクセスできる人になれるはず！

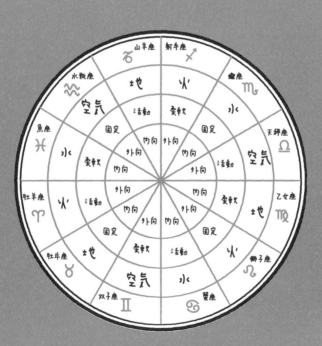

自己分析
50

ここでは、まず自分の基本性質・価値観を
分析しましょう。そして、対人傾向、恋愛・結婚観、
仕事観・働き方、金銭感覚と、シーン別に分析を続けて。
納得＆意外な発見が出てくるはず。

（自己分析） 1

私が本当に
やりたいことって？

仕事や趣味の活動。世間体や建前はなしにして、本当に自分がやりたいことって？ それは、あなたのアイデンティティを決定づける、太陽の位置が教えてくれます。

📖 分析のしかた

① 早見表Aから、太陽の星座をチェック！

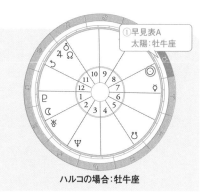

① 早見表A
太陽：牡牛座

ハルコの場合：牡牛座

太陽が 牡羊座

自分のアイデアを形にしたい

自分で敷いたレールの上を走りたいタイプ。独自の企画や商品、オリジナルの遊び、言葉など。「自分発」のものには、誰よりも情熱を捧げます。他人の案や社会の要望に沿っていても、どこか満たされない気持ちに。本当の願いは、誰もやったことのないことを成し遂げることなのです。

太陽が 牡牛座

センスを活かして美しいものを作りたい

物を見る目、嗅覚、美的感覚など、密かに「感性」に自信を持っているあなた。それを活かすことが何よりの喜びのはず。芸術的な作品を作ったり、グルメやファッションといったジャンルで活躍することに憧れがあるのでは？ それを、きちんと「お金」につなげたいとも思うでしょう。

太陽が 双子座

様々な人と出会いたい

体験や交流を通して人と出会って、情報や知識を得たい欲求が。SNSやネット上での交流もどんどん広げたいタイプ。コミュケーション力や情報力を高めて成功につなげたい、という部分もありますが、結局のところ、「誰かと楽しくおしゃべりしていたい」というのが、一番なのです。

太陽が 蟹座

安心できる場所や環境を得たい

具体的には、穏やかな家庭やストレスのない仕事です。お金や名誉といった「報酬」は二の次。それよりも、穏やかな時間や心のつながりを大事にします。ドラマティックな出来事より、日常の何気ないシーンに幸福を感じるタイプ。「家」を持つことを、最大の目標とする傾向も。

太陽が 獅子座

主役として人に認められること

どんなシーンでも、自分という「固有名詞」を強く認識してもらいたい気持ちがあります。目立つための手段として、話し方、見た目、立ち居振る舞いなどで他と違いを出す傾向も。表舞台、注目されるポジションに立って、自分というキャラクターを世に知ってもらうことが、1つの目的地に。

太陽が 天秤座

成功を分かち合いたい

プロセスも成果も、分かち合って喜びたいというのが最終目標。目的を果たした後の宴こそが、実は本当の楽しみなのかもしれません。また、何かを成し遂げるには、1人よりも誰かと協力するほうが得策だと思っているところも。性別や出身地で差をつけない世界を望みます。

太陽が 射手座

冒険をしていたい

まだ見ぬ世界を身体が求めるタイプ。例えば異文化や外国の人との交流、ベンチャービジネスなど、「知らないことを知るための旅」こそが本望でしょう。同じ意味で、宗教や哲学、精神世界といったジャンルに興味を抱き、学んでみたいということも。海外で重要な発見がありそう。

太陽が 水瓶座

何にも縛られず、自由に生きたい

「女の人はこうあるべき」「若い人はこうあるべき」といった、社会の不文律から離れたところに、本当にやりたいことがあるはずです。時代や社会の古い慣習を避けるため、SNSやオンライン上での活動の中に、生きがいを見つけることも。独創的な感性を発揮できる場所が欲しいのです。

太陽が 乙女座

分析して、正確な答えにたどり着きたい

不正確なことにストレスを感じる性質です。しっかりとした「根拠」を集めることに、やりがいを感じるでしょう。そうして実務的な処理能力を高めて、「何かの役に立った」という感覚と成果を得たいのかもしれません。それが、自分の存在を認めてもらう手段だと思っているはずです。

太陽が 蠍座

1つのことを深く掘り下げたい

例えば、同じことを何年も研究して、重大な発見をする研究者や秘密を暴くジャーナリストのような、1つのことにディープに関わっていたい。そしてその道では誰にも負けたくないという気持ちが強いタイプで、独占欲も強くなりがち。特に、マニアックなジャンルに携わりたい傾向が。

太陽が 山羊座

社会的に認められたい

会社で出世したり、社会的地位の高い職業を目指したり。公に認められる成果を出すことで、自分の存在価値を高めたいのでしょう。また、堅実でまじめな組織を目指して、心も利益も安定させることを望みます。そのため、秩序やルールを重んじ、何事も計画的に進めるタイプです。

太陽が 魚座

ロマンを追っていたい

現実的な生活や将来のことより、夢を追いかけたり語ったりしていたいのでは？ 芸術や詩、あるいは宗教や占いのような、目には見えないけど、人の心にはしっかり映るものを追求していたいのでしょう。仕事や家事など現実的なことにも、その視点を活かせるとやりがいを感じるはず。

（自己分析）2

私って、
人にどう思われたい？

　知的、おもしろい、華やか……。自分が周囲に「どう思われるとうれしいか」は重要なモチベーションです。社会から注目されるポイントである、10ハウスの星座から探ります。

■☞ 分析のしかた ……………………

① 早見表Bから、**10ハウスの星座**をチェック

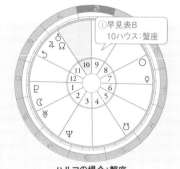

①早見表B
10ハウス：蟹座

ハルコの場合：蟹座

10ハウスが 牡羊座

勇敢な人だと思われたい

　最終的に「この人がいれば大丈夫」と、頼られたいという気持ちが。そのため、何事も先陣を切ってチャレンジしたり、遠慮せず物申したり。他の人がためらうことほど、積極的になれるでしょう。また、質をほめられるより、「話が早い」「スピーディ」と思われるほうが心地いいはず。

10ハウスが 牡牛座

"本物"がわかる人だと思われたい

　例えば旬の食材の味、ワインやコーヒーの香り、ファッションセンスなどの審美眼の持ち主だと評価されると、鼻高々。あなたが選んだものなら間違いないという安心感を与えたいのかも。特に、株の銘柄や資産運用メソッドなど「お金のことを相談できる人」と思われるとうれしいでしょう。

10ハウスが Ⅱ 双子座

情報通だと思われたい

　あの人に聞けばたいていのことはわかる、という存在が理想です。情報を集めるのが好きで、それが自分の価値を高めることも知っています。また、話がおもしろい人だと思われたい欲求も高く、トレンドを把握したり、SNSのフォロワーを増やしたり。気さくに話しかけてほしいタイプ。

10ハウスが 蟹座

優しくて安心できる人だと思われたい

　あなたが信頼する人には、とことん頼ってほしいと思うのでは？　何でも話せる人だと思ってもらえるのがベスト。ただし、排他的な側面もあり、まだ信頼を築けていない人に対しては、一定の距離を取ってほしいと思うでしょう。悪口や陰口には極端に弱いタイプです。

10ハウスが 獅子座

中心人物、主役だと思われたい

　わかりやすく言えば、心のどこかで「目立ちたい」「ちやほやされたい」という気持ちがあります。スターのように注目を浴びるのが心地よく、また自分の潜在能力を発揮できることも自覚しているのでは？ その傾向が、言動やメイク、ファッションに表れがち。地味だとは思われたくないのです。

10ハウスが 天秤座

美しい人だと思われたい

　メイクやファッションにこだわり、表情や仕草の特徴などをほめられると、自己肯定感が一気に高まるでしょう。また、外見だけではなく、中身も同様。人格者だと思われたい性質で、「いい人であろう」とサービス精神が豊富に。ダサい、ケチなどの評価が一番のショック！

10ハウスが 射手座

自由な人、器の大きな人だと思われたい

　小さな世界にまとまってしまっていると思われたくないはず。何にも縛られず、自由気ままに生きるのが格好いいという価値観の持ち主。外国の文化や言葉に詳しいと思われたい一面もあります。価値観に共感してもらい、仲間だと思ってもらえるのが一番の喜びかもしれません。

10ハウスが 水瓶座

独創的な人だと思われたい

　人と違うことをする、常識から外れたことをすることで、「あの人って、変わってるけどおもしろい」と思われたいのです。特にクリエイティブな分野で注目を集めたいのでは？　自分の作品やアバターなどが評価されるのがうれしいでしょう。仕事なら、上司より世間の評価を気にします。

10ハウスが 乙女座

利口で完璧な人だと思われたい

　1つもミスをしないように、普段から自分を律して正確な作業を心がけます。そうして隙を見せずに、完璧な人物だと思ってもらえることで安心感を得るのでしょう。また、他人の目が厳しくなることで、己を律することができる、というストイックな感覚も。模範的な人でありたいと思うタイプです。

10ハウスが 蠍座

ミステリアスな人だと思われたい

　自分のすべてをさらけ出さず、どこか秘密めいた側面を作ることで、関心を得ようとするでしょう。最終的に「この人のことがすごく気になる！」と思われたいのです。そうやって、唯一無二の存在となるための演出を無自覚に実行するタイプ。自分だけを見てくれることを望みます。

10ハウスが 山羊座

まじめでしっかりした人だと思われたい

　社会的に信頼できる人だと思われたいので、規則や上下関係などを大事にします。自分は規律を守る最後の砦だという、責任感があるのです。上司や有力者などに気に入られたい、という気持ちが強いタイプでもあります。たとえ地味で頑固だと思われても、それがウリだと考えます。

10ハウスが 魚座

癒やしの存在だと思われたい

　何か利益や人脈につながるといったような、下心は苦手。純粋に、一緒に話したりお酒を飲んだりして楽しい相手、と認識されるのが一番うれしいはず。オフィシャルな話より、プライベートなことを相談する相手だと思われたいのです。心の距離を感じるとさびしくなるタイプ。

自己分析 3 私らしさと第一印象って?

「私といえば○○!」という代名詞って? あなたの"顔"、つまり周囲からどう見えるかを教えてくれると共に、最もパーソナルな部分を表す1ハウスの星座からチェックします。

☞ 分析のしかた
① 早見表Bから、1ハウスの星座をチェック!

① 早見表B
1ハウス:天秤座

ハルコの場合:天秤座

1ハウスが 牡羊座

大胆にチャレンジすること/明るそう

細かく考えすぎずに、まずは行動する。そこから生まれる、予想できないチャンスをつかむのがあなたらしいです。第一印象は「明るい人」。口数も多く、積極的にコミュケーションを取ってくる人だと思われがち。たまにヒートアップするタイプという印象も与えやすいです。

1ハウスが 双子座

柔軟な姿勢を持っていること/器用そう

あらゆる角度の情報を「おもしろそう!」と前向きに受け入れ、有効活用する方法を考えるのがあなたのよさ。第一印象は「器用そう」。目上の人にも年下の人にも慕われそうな人懐っこさがあり、臨機応変に対応できる物腰の柔らかさが、そういった印象を与えるのでしょう。

1ハウスが 牡牛座

本質を見抜くこと/センスありそう

自分のペースとセンスを大事にするタイプです。人や時間に左右されないのが長所の1つ。第一印象は「センスがよさそう」。グルメやファッションなどのチョイスが洗練されていて、少しゴージャスな印象を持たれるでしょう。また、落ち着いた雰囲気の人だとも思われやすいです。

1ハウスが 蟹座

温度を感じられること/優しそう

無味乾燥なものではなく、心のこもった言葉や態度があなたらしいです。利害や損得よりも、心の喜びや痛みに目を向けるのです。第一印象は「穏やかな人」。この人とは、よほどのことがないと衝突しないだろうという安心感を与えます。表情や口調が穏やかなのがポイント。

1ハウスが 獅子座

正確性を追求すること／隙がなさそう

堂々と胸を張って歩くこと／派手そう

誰よりも自信を持って、主役としての自覚を持ちます。脇役に徹するのは、あなたらしくありません。第一印象は「華やかな人」。服装やメイク、振る舞いなどから、派手な気質だと思われがち。「上から目線」という印象を持たれることもありますが、憧れの感情を持たれることも多いです。

1ハウスが 天秤座

スマートな人づき合いをすること／おしゃれな人

客観性を持ち合わせるあなたは、各方面に気を配ることができます。その調整能力は唯一無二の特性。第一印象は「愛嬌がある人」。表情や所作から、相手への気遣いがうかがえ、身なりもスマートなため、社交的な人という印象を持たれます。交流の場で際立つタイプです。

1ハウスが 射手座

型にハマらないこと／大らかそう

「できるか」よりも「やりたいか」を判断基準に、あらゆる領域へ足を踏み入れてこそあなた。持ち前の楽観性がそれを後押しします。第一印象は「大らかな人」。怖いもの知らずで、仮に失敗やミスがあっても動じなさそう、という印象。深刻な状況でも、緊張感を感じさせないでしょう。

1ハウスが 水瓶座

独自のアイデアを持つこと／変わった人

本来、人を性別や出自などで差別しない平等主義者。だからこそ、発想や行動で「自分らしさ」を生み出そうという気が強いのです。第一印象は「変わった人」。奇抜、あるいはユニセックスなファッション……ということもありますが、"視点"が独特だという印象を持たれやすいよう。

1ハウスが 乙女座

正確性を追求すること／隙がなさそう

完璧主義の傾向があり、仕事も人づき合いもミス"がないように細心の注意を払います。自己管理能力の高さが特徴です。第一印象は、「しっかりした人」。礼儀やマナーをわきまえていて尊敬されます。「こちらも粗相のないように……」と、緊張感を与えてしまう場合も。

1ハウスが 蠍座

特定のことに没頭すること／不思議な人

人の心や言葉を深く掘り下げたり、とある趣味や仕事のテーマを究めたり。あなただから知っている、という専門性が特徴です。第一印象は「不思議な人」。心を開いてくれていないのに、こちらの心は見透かされているような印象。また、どこか秘密を抱えていそうな雰囲気を感じさせそう。

1ハウスが 山羊座

野心を持っていること／まじめそう

社会や組織の中で、何かを成し遂げたいという明確な意図を持っているのでは？　それがあなたの"核"なのです。第一印象は「シビアな人」。例えば職場なら、どんな立場か、どれだけ実績があるかなど、上下関係や数字を重視する傾向があります。まじめで頑固な印象を持たれやすいです。

1ハウスが 魚座

感情に左右されること／ピュアそう

機械的な人とは真逆の、とても人間味のあるピュアさがあなたらしいです。喜怒哀楽が豊かで、感傷に浸りやすい傾向も。第一印象は「癒やし系」。おっとりしていて、情緒的。話していて心がキレイになるような印象を持たれることも。「天然」「不思議ちゃん」と思われやすいのもこのタイプ。

自己分析 4 私が得意なことって?

他者から見るあなた、つまり1ハウスの星座。この支配星があるハウスから、あなたが輝ける場所が見えてきます。これは、あなたが活躍できる分野=得意分野でもあります。

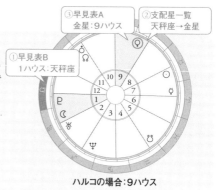

③早見表A
金星:9ハウス

②支配星一覧
天秤座→金星

①早見表B
1ハウス:天秤座

ハルコの場合:9ハウス

分析のしかた

① 早見表Bから、1ハウスの星座を調べる。
② 支配星一覧から、①の支配星を確認する。
③ 早見表Aから、②のハウスをチェック!

1ハウス星座の支配星が **1** ハウス

自分をプロデュースすること

誰よりも自分の"活かし方"を知っているあなた。わかりやすく言えば「キャラ作り」が得意なので、存在を知ってもらいやすいです。声が大きい、方言で話すなど、どんなことも前向きに捉え自己アピールの材料に。人の言いなりになるより、己のアイデアで進めるほうが何事もうまくいきます。

1ハウス星座の支配星が **2** ハウス

お金を増やすこと

効率的に稼げる副業に縁があったり、資産運用や節約の才能があったり。自覚がないなら、お金を増やすための勉強やリサーチをしてみて。苦ではないと気づくはず。仕事や趣味でモチベーションが下がった時は、「どう利益を増やすか」「副業につながるか」という視点を持ってみて。

1ハウス星座の支配星が **3** ハウス

情報を発信すること

情報やトレンドの発信源になりうる人です。例えば、日常の何気ない出来事をSNSで「自分の言葉」で発信すると、バズったり反響があったり。「おもしろそう」と思わせる話や表現が得意なのです。情報を「広める」のも得意。情報通として重宝させるためにもSNSの活用はマストかも。

1ハウス星座の支配星が **4** ハウス

土台を作ること

下準備のカリスマです。例えば、何か新しいことを始める時。許可取りや関係者への根回し、進行スケジュールとマニュアルの作成など……。「これがないと始まらない」というものに敏感で、整備できるタイプ。時折、核となるアイデアを出して、そこから何か始まることも。

1ハウス星座の支配星が 5 ハウス

人前に出て、表現すること

　役者なら主役、チームならリーダーやエースといった、花形です。臆するどころか、むしろパワーアップします。人前でのスピーチやチームを鼓舞することが上手。うまく自分を引き立たせる天才でもあり、リアルでもオンラインでも、注目を浴びるための策は尽きません。

1ハウス星座の支配星が 6 ハウス

改善すること

　特筆すべきは、1から10に劇的に飛躍させるための知恵と分析力。すでに形になっている物やシステム、プラン、関係などをアップデートさせる天才です。修正能力も高いタイプ。「これ、もっとこうすればいいのに……」と感じることがあるなら、迷わず改善策を提示しましょう。

1ハウス星座の支配星が 7 ハウス

バランスよく配分すること

　「相手」のことを第一に考えられる人。主観だけに支配されない、客観性を持っているのです。その性質上、有能なバランサーとなります。仕事も人間関係も「落としどころ」を見つけるのが得意。人の才能を最大限に引き出す天才でもあります。人を見る目が光るタイプです。

1ハウス星座の支配星が 8 ハウス

継承させること

　引き受けたことをさらに深めることが得意です。最終的には引き継ぐところまで。例えば、師匠の技を受け継いで、世の中や後進に伝えるようなイメージ。受け継いだ遺産をさらに増やす才能も。物事の核心や根っこの部分に目を向けるのが得意で、その"執念"は魅力の1つ。

1ハウス星座の支配星が 9 ハウス

拡大、発展させること

　例えば、活動範囲を広げたり、勢力を増やしたりするパワフルな才能があります。停滞感を打破するカギとなる存在。例えば職場に、未知のジャンルに詳しい人を招き入れて、新しい分野を切り開くようなイメージ。あなた自身が、未知の分野に詳しいということもあるでしょう。

1ハウス星座の支配星が 10 ハウス

結果を出すこと

　我慢強くチャレンジを続けて、結果を出します。他の人なら、投げ出してしまうようなことでも、決して逃げたいと思いません。それが、周りからの信頼や尊敬につながり、サポートを得たり出世したりしやすいのです。言い換えれば「続けること」が得意な、努力の天才です。

1ハウス星座の支配星が 11 ハウス

改革すること

　既存の価値観を打ち破って、新しいスタイルを取り入れるのが得意です。古い学校の規則に一石を投じて、髪の色を染めるようなタイプ。先入観に支配されないので、誰にでも平等に接する才能も。空気なんて読みません。そんな性質から、独自の視点が生まれやすいです。

1ハウス星座の支配星が 12 ハウス

盲点を活かすこと

　あなたにしかたどり着けない方法で、誰も見つけられなかった答えにたどり着くことができます。例えば、利益を度外視して、1人のユーザーの声だけを頼りに作った商品が大ヒットしたり。そんな"奇跡のルート"発見器になることが。直感が優れているので、ピンときたら自分を信じて。

私の苦手&課題って?

試練の星とされる土星の位置から、あなたのウイークポイント&長期的な人生の課題が見えてきます。それを把握しておけば、対策や心構えができるはず。対処法を探ってみて。

▶ 分析のしかた

① 早見表Aから、土星の星座をチェック!

①早見表A
土星:乙女座

ハルコの場合:乙女座

土星が 牡羊座

計画的に動くことが苦手

考えるよりまず行動というタイプで、先を見据えて行動を逆算するのが苦手です。出たとこ勝負な一面があります。課題は、ヒートアップしやすいところ。つい感情的になって敵を作ったり関係をこじらせてしまうことが。大事なシーンほど、冷静さを意識してみてください。

土星が 双子座

1つのことの集中するのが苦手

好奇心旺盛なタイプで、次から次に目移りしてしまうタイプ。「広く浅く」が心地いいのでしょう。一点集中が求められるシーンで精彩を欠くかも。課題は具体性のなさ。情報やアイデアは持っているので、予算、日程、人員など現実的に実現するための方法にも目を向けましょう。

土星が 牡牛座

アクティブに動くことが苦手

どっしり構えたいタイプで、マイペース派。集団のスピードに合わせるのが苦痛な時があるかもしれません。課題は、強情な面が出ること。手に入れて当然と思っているところがあり、思い通りにならないと大げさに悲観的になりがち。時には、潔く諦めることも重要です。

土星が 蟹座

アウェーな環境が苦手

いつもの場所や慣れ親しんだ人たちと一緒なら、落ち着いて力を発揮できます。しかし、初めての場所や苦手な人、知らない人の前では過度に緊張しがち。それに通ずる課題が、自信のなさ。不安や警戒は相手に伝わります。馴染みの相手ではないからこそのよさを探してみて。

土星が ♌ 獅子座

裏方に回るのが苦手

　人を立てたり、陰ながら支えるのが苦手。地味な作業や下準備も苦痛で、本番だけ派手にやりたいのでは？　課題は、大げさなところ。注目されようと話を盛ったり、見た目で相手を威圧したりすると、"本当のあなた"を見てもらえません。観客を大事にしてこそ、輝くのです。

土星が ♎ 天秤座

単独行動が苦手

　良くも悪くも人を頼るタイプで、1人で決断したり行動したりすることに不安を覚えるでしょう。孤独を恐れすぎている節が。課題は、簡単に妥協してしまうこと。人に合わせる心意気は素敵ですが、勝負どころや譲れない場面もあるはず。時には、人目を気にしない強さが必要なのかも。

土星が ♐ 射手座

細部までこだわるのが苦手

　志が高いですが、やや大雑把。理想を持っていて、方向性や目標を決めるのは得意。でも、その先の日程などの具体的なことを詰めるのが苦手で、成り行き任せになりがち。課題は、ルーズなところ。ルールや期限、約束事を疎かにする傾向があり、すれ違いの原因に。

土星が ♒ 水瓶座

伝統や上下関係が苦手

　古い慣習や不文律、非効率的なシステムに対して「自由を侵害するもの」と嫌悪感を抱きます。個人ではなく組織が得をする構造も苦手で、フリーの道を選ぶことも。課題は、独善的なところ。いくら正しいと思っても、あまりに突拍子もないやり方や提案は、前もって相談してからがベター。

土星が ♍ 乙女座

全体を俯瞰するのが苦手

　木を見て森を見ずになりがち。やや神経質で、まずは目の前のことをクリアしようとしたり、ルールに縛られすぎて、大局的な判断ができないことが。課題は几帳面すぎること。職人気質なところがありますが、現実では妥協しないと損をすることが多いと心得ておいて。

土星が ♏ 蠍座

広く浅いつき合いが苦手

　例えば、恋人や友人に知り合いを紹介されたり、担当外の取引先の対応をしたりするのが苦手。また、コミュティを広げるのも億劫でしょう。あまり心を開こうとしないはず。課題は、疑い深いこと。誰もがあなたに敵対心を持っているわけではないので、もう少し肩の力を抜いてみて。

土星が ♑ 山羊座

独創的な発想が苦手

　「全部、好きなようにやってみて」と言われると困るのでは？　型にハマりがちな傾向で、明確な目的やルールがないとストレスを感じるタイプ。課題は、堅すぎること。規律や伝統を守ることは大事ですが、それが目的になっては本末転倒。横道に逸れてこそ見えるものもあるはず。

土星が ♓ 魚座

無機質なものが苦手

　感動や高揚、悲しみなど感情に動かされるあなた。それを感じさせない、無味乾燥な人やものには、本能的に近づきたくないかも。課題は、さびしがり屋なところ。人に頼るのはいいことですが、依存することは別。何事も人任せにして甘えていると、本当の自己実現はできないはず。

私が心から
楽しめることって?

1人で映画を見ている時? 皆と食事をしている時? 自分が心から夢中になれることを知っておけば、ストレス発散上手に。「遊びの場」とされる5ハウスの星座がヒント!

▶ **分析のしかた**

① 早見表Bから、5ハウスの星座をチェック!

① 早見表B
5ハウス:水瓶座

ハルコの場合:水瓶座

5ハウスが 牡羊座

身体を動かすこと

　ヨガ、エクササイズ、スポーツなど、肉体が躍動している時に高揚感が生まれます。フィットネスクラブやスポーツサークルに所属しておくと、人生の充実感が高まるでしょう。観戦も楽しめます。スピードが速い乗り物に夢中になりやすく、車や絶叫マシンが趣味になる場合も。

5ハウスが 双子座

おしゃべりをすること

　長電話や女子会、チャットやSNSでの交流。言葉のキャッチボールこそが一番の娯楽なのです。そして、どんないい球を投げられるか、つまりウィットに富んだ会話、情報量の多い話などができた時に満足。そこで、自分の気持ちやアイデアに気づくこともあるでしょう。

5ハウスが 牡牛座

"リッチ"を味わうこと

　例えばおいしい料理やお酒を味わうこと、美しい芸術や植物にふれること。グルメ、ファッション、芸術鑑賞、生け花など……。自分の中で「ちょっと高級なもの」にふれている時に充実感を得られます。ラグジュアリーな雰囲気のカフェなど、行きつけのお店があると、心の拠り所に。

5ハウスが 蟹座

家族、パートナーと遊ぶこと

　親、兄弟、恋人、子ども、あるいはそれと同等の存在。その人たちとの時間を重視する傾向があります。例えば、休日のショッピング、家族旅行、食事。何気ないシーンが、実はあなたの心を一番癒やすのです。また、料理にハマる性質でもあります。それを家族に振る舞うのが最高の喜び。

5ハウスが 獅子座

"生"の芸術を見ること

映画や音楽といったエンターテイメントを正当に楽しめるタイプです。特に舞台やライブといった"生"の演出を見ることで生まれる、憧れやワクワクといった感情があなたの原動力。オンラインでのイベントも◎。リアルタイムで活躍する人を見て、モチベーションを高められます。

5ハウスが 天秤座

おしゃれをすること

トレンドの服やメイクなど、自分を彩るアイテムを探すことが楽しみ。根底に、人からどう見られるかを気にする性質があります。ウィンドウショッピングや美容サロンなどでリフレッシュできるでしょう。キレイな写真を撮ってもらったり、自分を華やかに見せてくれる体験が◎。

5ハウスが 射手座

旅をすること

一番楽しめるのは、旅行。特に、海外や異文化圏へ行くのが楽しみ。あるいはオンライン上で外国人と交流するなど、未知のものとの交流を楽しめるタイプです。探求という意味では、読書にもハマりやすいでしょう。宗教の歴史や哲学など、非科学的なテーマにのめり込めるはず。

5ハウスが 水瓶座

ネット上で輝くこと

動画配信をしたり、SNSでの交流を楽しんだり。「決められた場所」から解放されて、自由に自分を表現するのが楽しいはず。特にユーモアなことを追求するのが快感。独創的な芸術やトーク、「笑える」サービスなどを発信して、それが評価されると、人生のモチベーションがアップ。

5ハウスが 乙女座

お稽古ごとに励むこと

自分の成長を感じることが、何よりも楽しいと感じるでしょう。華道や茶道、日本舞踊、俳句、着物の着つけ教室など、知性を感じられる分野のお稽古ごとにハマる可能性が。その作法を、仕事や日常生活に活かすこともまた、楽しみの1つ。自分のブランド価値を高めたいのです。

5ハウスが 蠍座

マニアックな趣味を究めること

一度ハマると徹底的に楽しみ尽くすタイプ。没頭している感覚が楽しいでしょう。例えば、同じアニメを何度も見て、マイベストシーンを選んだり、キャラクターのグッズを集めたり。コレクター気質な面も。また、例えば、盆栽などニッチな趣味ほど楽しめるという特徴もあります。

5ハウスが 山羊座

歴史を感じること

古都を訪れたり、伝統的な体験をしたりすると楽しめます。伝記や大河ドラマといった作品にもハマりそう。特に和の文化やスイーツが好みのはず。歴史にロマンを感じるため、アンティーク品を集めたり、人の過去を探ったりする趣味も。ただし、仕事も楽しいと感じるタイプでもあります。

5ハウスが 魚座

酔いしれること

主にお酒にハマることが多いです。お酒そのものはもちろん、お酒を通してセッティングされる、普段語れないことを話せるような"場"が好きなのです。また、自分のアーティスティックな一面を披露するのも楽しいでしょう。歌、詩、絵、占いなど。自分の感性に酔うのも楽しいのです。

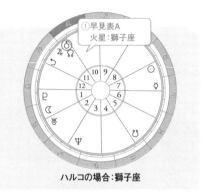

自己分析 7

私の怒りの
ポイントって？

あれ、これで怒ってるのって私だけ？ 自分のいら立ちポイントを押さえておけば、感情のコントロールが上手に！ 闘争心や戦いを表す火星の星座が、怒りのツボを教えてくれます。

☞ 分析のしかた ……………

① 早見表Aから、火星の星座をチェック！

①早見表A
火星：獅子座

ハルコの場合：獅子座

火星が ♈ 牡羊座

決まらないこと、進まないこと

スピーディにことが進まないとイライラするタイプです。時間通りに終わらなかったり、同じことを何度も繰り返したりすると文句を言いたくなります。せっかちで、カッとなりやすいので、すぐに「早くしてよ！」などと声や態度に出してしまいがち。回りくどいことも苦手です。

火星が ♉ 牡牛座

ペースを乱されること

確固とした自分のペースがあって、それを崩されるとイライラ。特に、じっくり吟味したい時や集中力が高まっている時に急かされると怒りが込み上げてきます。「予定外」のことにもストレスを感じるタイプ。アポなしの訪問や、突発的なお願いごとにモヤモヤするかも。

火星が ♊ 双子座

返事が遅いこと

メールやSNSでの呼びかけに対して、リアクションが遅い人にイライラするでしょう。イエスかノーか答えるだけなのに、変な駆け引きで焦らされるのが嫌いなのです。いちいち深読みする人にも憤りを覚えそう。また、話を聞いてくれない人、自分の話ばかりの人も許せません。

火星が ♋ 蟹座

プライベートを侵害されること

公と私、オンとオフをはっきり分けたいタイプなのです。心を開いていない人に、家庭や恋愛事情を探られるとイライラ。予定にない残業やつき合いも、プライベートの侵害だと感じるでしょう。家に帰る時間が遅くなったり、仕事を家に持ち帰ったりする時、怒りのボルテージが上がります。

火星が ♌ 獅子座

地味に扱われること

　目立たないポジションや地味な作業ばかりが回ってくるとイライラ。また、ちやほやされないとすねてしまうことも。何か発言してもリアクションが薄いと「遊び心のないつまらない人たち」と距離を置いてしまうかも。節約、断酒など「我慢」もイライラの原因になります。

火星が ♎ 天秤座

不公平なこと

　精神的な負担や実務的な作業量に、不当な差がある時に憤りを覚えます。たとえ、自分が損をする側ではなかったとしても、その思惑やシステムにイライラするはず。また、身なりがだらしない人にもモヤモヤします。最低限の清潔感は「思いやり」だと思っているからです。

火星が ♐ 射手座

束縛されること

　自分は誰のものでもないという思いが根底にあります。指図を受けたり束縛されたりすると、「なぜこんな目に……」と、沸々と怒りが湧いてきます。細かすぎるルール、勝手に決められた選択肢もイライラの対象。特に、思想や価値観を制限されると大きな怒りにつながります。

火星が ♒ 水瓶座

古い価値観を押しつけられること

　新しいものを悪とする体質にイライラ。働き方改革や男女平等が当たり前だと思っているので、それに逆行する動きや発言には怒りを覚えるでしょう。上下関係や堅苦しい身なりを、非合理的に押しつけてこられると、つい反発してしまいそう。権利意識も強いタイプです。

火星が ♍ 乙女座

いい加減なこと

　大雑把なプランで進められる仕事、目分量の調味料で味つけされた料理など、きっちりしていないものにイライラ。礼儀がなっていない人や、朝、起きられないなど自己管理ができない人にもモヤモヤを感じるでしょう。マニュアルやルールがあるのに、なぜ無視するのかと憤るのです。

火星が ♏ 蠍座

自分の物を侵害されること

　独占欲が強く、自分のお気に入りの物や場所を横取りされると激しく怒ります。無断で使われたり、雑に扱われたりするのも許せません。特に、大事な人、恋人や親友などにはその思いが強まります。自分以外の人と仲よく話しているだけでイライラしたり、嫉妬から攻撃的になったり。

火星が ♑ 山羊座

約束が守られないこと

　契約、規律、期限など明確な約束事が守られないのは論外として、口約束や礼儀など不文律を軽視する人にもイライラ。秩序を乱す人に怒りを覚えるタイプです。馴れ馴れしい人や時間にルーズな人にも不快感が。また、自分の立場を脅かす要素は、徹底的に排除しようとする一面も。

火星が ♓ 魚座

放置されること

　例えば、仕事の進め方を上司に任されても、「頼られている」ではなく「無責任だ！」と憤りを覚えます。基本的に、構ってもらえない、話を聞いてもらえないとフラストレーションがたまります。怒りを態度に出すタイプではないので、余計に気づいてもらえず、深みにハマることも。

（自己分析）**8**

私が人生で「愛」を注ぐものって？

　仕事、趣味を第一に考えたり、恋人やペットを溺愛したり。自分が人生をかけて愛を捧ぐ対象は、文字通り「愛の星」とされる金星のハウスからチェックしてみましょう。

📖 **分析のしかた**

① 早見表Aから、金星のハウスをチェック！

①早見表A
金星：9ハウス

ハルコの場合：9ハウス

金星が **1** ハウス

自分に愛を注ぐ

　自分自身を大切にすることが、他人を大切にすることにもつながるタイプ。自分の魅力が際立つようなメイクやファッションを好んだり、セミナーを受けたり、"自己投資"を惜しみません。「自分へのご褒美」も多いでしょう。自分を愛でることで、「個性」を作り上げていくのです。

金星が **2** ハウス

お金に愛を注ぐ

　つまり、豊かな暮らしを愛するタイプです。お金と引き換えに得られるリッチな体験やアイテムを愛しているのです。副業や資産運用に熱を入れている時、ワクワク感を得られるはず。「稼いでいる」という感覚が安心感に直結。また、通帳に記載されている数字が増えるのも快感。

金星が **3** ハウス

コミュニティに愛を注ぐ

　「つながり」を愛するタイプです。目的がなくても、人と話している時間が何よりも大切。会話こそ、人間だけに許された特権だと思っているのでは？特に自分が作った、あるいは長く所属するコミュニティが大切。ウェブサービスのマイページやSNSのマイアカウントを愛でます。

金星が **4** ハウス

家庭に愛を注ぐ

　家族やパートナー、ペット、住処を愛するタイプ。自分を待ってくれている人やものを何よりも信頼し、大切にします。仕事や趣味は二の次でしょう。特に子どもを溺愛する傾向にあります。自分の子どもはもちろん、兄弟や親友の子ども、ペットの子どもにデレデレしてしまうはず。

金星が 5 ハウス

遊びに愛を注ぐ

趣味や芸術に愛を注ぎます。人生の目的とは「楽しむ」ことであり、それに公私は関係ありません。趣味を仕事にしてしまおうと考えるほど。追っかけよりもプレイヤー側になる傾向。例えば、楽器を弾いたり演技をしたりすること。また、それに関わる人や道具を愛するでしょう。

金星が 6 ハウス

仕事に愛を注ぐ

働きを評価されること、誰かに必要とされることが生きがい。そのため、奉仕的なほどに仕事に没頭しがちなタイプ。忙しくすることで、安心感を得る側面もあるのです。一方、美食家な一面もあり、理想のグルメやスイーツを愛したり、それを探す活動に情熱を捧ぐ、ということも。

金星が 7 ハウス

恋人に愛を注ぐ

特に、恋愛や結婚生活を楽しむことが何よりも大事。つまり、一番愛を捧ぐ対象はパートナーです。相手にいい印象を持たれたいので、自然と美容やファッション愛が強まります。こだわりも強いでしょう。とはいえ、友人や同僚への思いも強いタイプ。自分より他者を愛でる性質なのです。

金星が 8 ハウス

特定のものに愛を注ぐ

1つのテーマを深く愛し、掘り下げたい人。「〇〇博士」や「〇〇オタク」のような称号を得るようなタイプです。特に、特定の「人」に執着したり妄信したりすることがありそう。良くも悪くも、ピュアなのです。また、セックスへの探求心も強い傾向にあります。死後の世界にも興味あり。

金星が 9 ハウス

学問に愛を注ぐ

自分の知らない世界を知りたいタイプ。歴史や哲学、宗教学などに興味を持ちます。「生きる意味」「宇宙の外側」など、壮大なテーマについて考える時間や、語り合う仲間を愛します。外国の美術品やインテリア、文学などに夢中になることも。海外旅行の常連になるのもこのタイプ。

金星が 10 ハウス

名誉に愛を注ぐ

自分のポジションに誇りを持ちたいタイプ。例えば、会社員なら出世、芸術家なら何かの賞を取ることが1つのゴール。その目標を愛し、求めます。得たのなら、守るでしょう。これまでの実績やほめられたこと、賞状や新聞に載った経験……。自分の名誉を誰よりも正当に愛せるのです。

金星が 11 ハウス

親友に愛を注ぐ

立場や年齢、性別に関わらず、本心を開示できる相手がいるはずです。その人の存在は貴重で、自分を犠牲にしてでも、その人のために尽くそうとするでしょう。家族やパートナーから理解が得られないことも。また、お気に入りの電化製品や機器への愛も異常に強いタイプ。

金星が 12 ハウス

ロマンに愛を注ぐ

"目に見えないもの"を大切にするタイプです。詩や文学、音楽など、正解のない芸術を愛します。妄想や占いなども大好き。また、お酒を愛する傾向も強いでしょう。正確には、お酒がきっかけで生まれる、語らいの場を愛するのです。行きつけのバーのような、お決まりの場も愛します。

自己分析 9 私が心から 安心できる場所って？

無条件に心が落ち着く、安らぎの場所や行動を把握しておくと、人生にゆとりが生まれるはず。あなたが本心からリラックスできるポイントは、月のハウスがヒントになります。

☞ 分析のしかた
① 早見表Aから、月のハウスをチェック！

①早見表A
月：1ハウス

ハルコの場合：1ハウス

月が 1 ハウス

自分が生まれた場所

実家や故郷、あるいはノスタルジーを感じさせる場所で不思議な安心感が得られます。部屋に実家や故郷時代の写真があるだけでも◎。また、スムーズな状況に安心します。中断や延期を過剰に恐れています。多少正確性に欠けても、ひとまず前に進んでいれば落ち着くでしょう。

月が 2 ハウス

行きつけのレストラン

安心できる食事と場所が提供されるとリラックスできるタイプ。定番のお店が1つあるだけで、日々に大きなゆとりが生まれるはず。また、生活の安定が何よりの安心。お金、土地、仕事など、地盤を整えること、あるいは整っていることを確認する作業が安心アクションです。

月が 3 ハウス

学びの場

セミナーや講演会、資格スクールなどで心落ち着くタイプ。自分のスキルが高まっていると実感することで、不安がなくなるのです。また、人とのつながりを感じることに安心します。メールが早く返ってくる、SNSの投稿に好意的な反応があるなど。情報力を高めるのも、安心を得るため。

月が 4 ハウス

自宅・自分の部屋

自分の家こそが、世界で一番安心できる場所。仕事や用事は早めに片づけて、早々に帰宅したいのでは？　家族やパートナー、ペットとの時間も自分を安心させる存在。たとえ会話が少なかったり、うっとうしいと思ったりしても、「いてくれる」ことが、心の平穏につながっているのです。

月が 5 ハウス

自分が主役となれる場所

　自分に注目が集まるほど自尊心が高まり、安心できるでしょう。人前、壇上、自分が主役のトークルーム、フォロワーが多いSNSアカウントなど。とにかく、注目されていないと不安になります。また、派手な場所も安心できるタイプ。騒がしさの中で本当の自分と向き合えるのかも。

月が 6 ハウス

身体をケアする施設

　リラクゼーション施設や温泉、かかりつけの医院などで安心感を覚えます。定期的に身体をケアする習慣を持つと、気持ちも安定しやすいです。また、物事がはっきりしていると心が落ち着くタイプ。曖昧なものを嫌い、はっきりした関係、白黒ついた結果、正確な情報などに安心。

月が 7 ハウス

美容に関する場所

　エステや美容室、ネイルサロンなど。自分を華やかにしてくれる場所が、最高の癒やし空間。人にどう見られるかで心持ちが変わるタイプなのです。また、「対等」に安心感を覚えます。同じ目線で接してくれるなど精神面はもちろん、収入や環境などが似ている相手にもホッとします。

月が 8 ハウス

秘密の空間

　自分しか知らない、あるいは特定の誰かとしか共有していない、秘密のスポット。そこが、本当の自分でいられる場所。カフェの決まった席からしか見えない景色、関係者しか利用できない施設など。また、深いつながりに安心するタイプ。そのため、秘密を共有したがる傾向が。

月が 9 ハウス

旅先or図書館

　開けた世界にいることで安心するタイプ。旅先、特に海外など、自由を実感できる場所で不思議と心落ち着くでしょう。また、本に囲まれている場所に癒やされる傾向も。心が疲れた時は、図書館や大型書店に立ち寄るだけでパワーチャージに。特に、洋書や古書が多い場所だと◎。

月が 10 ハウス

歴史を感じられる場所

　神社仏閣や古都、アンティーク専門店などで、心が落ち着くでしょう。それを感じさせる、キャンドルやお線香の香りがある場所も癒やし空間。また、ルールが守られていることに安心感を覚えます。ズルや不正のない環境でないと、心の底から落ち着かないかも。規律が明確なほど安心。

月が 11 ハウス

多種多様な人がいる場所

　女性ばかり、若い人ばかりなど、偏りのあるコミュニティは少し窮屈。老若男女、立場、人種など多種多様な人が共存する場所で安心できます。それは、オンライン上にある可能性も。また、公正な環境で精神が安定。実力ではなく、年齢や外見で判断されないかと不安に思うのです。

月が 12 ハウス

本音を話せる場所

　行きつけのバー、カウンセラーや同じ宗教を信仰している人に話を聞いてもらえる場所など。あまり人に本音を話せないからこそ、そういう場が貴重なのです。ただし、聞いてほしいだけで答えが欲しいわけではありません。むしろ、曖昧な感情や状況に安心するタイプです。

(自己分析) 10 私が抱えがちな 秘密は?

①早見表B
12ハウス:乙女座

②支配星一覧
乙女座→水星

③早見表A
水星:7ハウス

ハルコの場合:7ハウス

人に言えない秘密や欲望。それは、あなたの隠された一面を示す12ハウス。その星座の支配星が、あなたの秘密をそっと教えてくれます。自分の意外な一面を再確認してみて。

📧 分析のしかた

① 早見表Bから、12ハウスの星座を確認する。
② 支配星座一覧から、①の支配星を調べる。
③ 早見表Aから、②のハウスをチェック!

12ハウス星座の支配星が 1 ハウス

実は、自分に興味津々なこと

あなたはいつも「私」を気にしていて、特に容姿に強いこだわりがあるよう。使わない美容器具をずっと持っていたり、プチ整形に密かな憧れがあったりするかもしれません。でも、一番の秘密は「昔の自分があまり好きではない」こと。そのせいで少し対人恐怖症だったりもします。

12ハウス星座の支配星が 3 ハウス

実は、学歴コンプレックスがあること

特に英語に苦手意識があり、自分と違って語学が堪能な人を、内心うらやましく思っていそう。そもそもコミュニケーションがあまり好きではなく、そのことが一番隠したいことかもしれません。兄弟がいて、比べられて嫌だった人は、それが今も言えない秘密になっていることも。

12ハウス星座の支配星が 2 ハウス

実は、お金を貯めるのが好きなこと

老後のためにマンションを購入したい、など目的のために貯金している場合もありますが、本命はお金を貯めることそのもの。通帳を眺めてはニヤニヤするのが密かな楽しみで、お金のためにこっそり副業に励んでいたりするかも。そうやって貯金が増えていくことに、喜びを感じるのです。

12ハウス星座の支配星が 4 ハウス

実は、故郷があまり好きではないこと

年末年始のような里帰りイベントが苦手で、地元愛、家族愛、といったワードには密かに懐疑的なあなた。問題のある家庭で育った人は、そのことが最大のシークレット。一方「大型犬が飼えるような庭つき戸建てが欲しい」など、家にまつわる夢や憧れを自分だけの秘密にしている人も。

12ハウス星座の支配星が 5 ハウス

実は、大人になりたくないこと

年相応の振る舞いをしつつも、心のどこかに子どもの自分を隠しているあなた。楽しいことが大好きで、周りの人に黙ってゲームやギャンブルにお金を注ぎ込んでいるかも。FXや株に投資しているパターンもあります。本音では「遊んで暮らしたい」と思っていることでしょう。

12ハウス星座の支配星が 6 ハウス

実は、健康オタクなこと

気のない振りをしつつ、最新のヘルス情報やダイエット法に興味津々のあなた。買ったきり使っていない健康グッズやサプリを隠し持っているかも。ダイエットや運動習慣の失敗経験がいくつもあることも、知られたくない秘密。新しいダイエット法が流行ると、すぐ飛びついてしまいがち。

12ハウス星座の支配星が 7 ハウス

実は、金遣いが荒いこと

特に対人関係でのストレスで財布のひもがゆるみがち。給料数ヵ月分の買い物をして、人にバレたらどうしようと青くなったこともあるのでは。独りは嫌だけど人づき合いは面倒。それがあなたの本音なのでしょう。その秘密を守るために無理をして、ストレスをためてしまうのです。

12ハウス星座の支配星が 8 ハウス

実は、人の秘密が大好きなこと

ゴシップネタが好物で、その手の本やネットニュースには飛びつかずにいられないあなた。少しSNS中毒の気もありそうです。そんな自分に自覚があり、人から知られないよう必死に隠していそう。でも、スパイ映画の主人公には無邪気に憧れてしまいがち。隠れ依存体質でもあります。

12ハウス星座の支配星が 9 ハウス

実は、何かを信仰していること

神仏に興味があり、御朱印帳やお守りをたくさん集めているかもしれません。世間的に「意識が高い」とされていることに関心がある、それがあなたには照れ臭くて、隠したいのかも。チャリティに興味があるとか、何かを学びに休日、こっそりキャンパスへ通っている人もいるでしょう。

12ハウス星座の支配星が 10 ハウス

実は、出世願望があること

社会的地位の高い肩書に密かな憧れがあるよう。でも、野心を知られてはいけないと思っていて、人目を忍んでセミナーや講演会へ足を運んでいるかもしれません。いわゆる成功者の書いたビジネス本や、語録も大好き。しかし、その手の本を読んでいることもまた、極秘事項のようです。

12ハウス星座の支配星が 11 ハウス

実は、フォロワー数を気にしていること

SNSやブログのフォロワー増やしに夢中になった結果、連絡先の半分は知らない人。そんな自分が少し後ろめたいあなたがいるでしょう。また、ボランティア団体や、社会活動に密かな興味があります。秘密結社に憧れがあり、何かの団体に入ることや活動することを、秘密にしたがります。

12ハウス星座の支配星が 12 ハウス

実は、神秘の世界に傾倒していること

オカルトやスピリチュアル好きな傾向。占い通いでジプシーのようになっていたり、その手のグッズ収集にハマっていたり。神話やパワーストーン、ヒーリング系の音楽などをこっそり好んでいるのもこのタイプ。本格的で高価なアイテムをこっそり持っているかもしれません。

（自己分析）**11** 私はどんな感情に
縛られやすい？

嫉妬に狂う、無駄に心配性など、支配されやすい「感情」のタイプをあらかじめ知っておくと、うまく自分をコントロールできるはず。感情を司る月の星座から傾向を分析！

☞ **分析のしかた** ……………………

① 早見表Aから、月の星座をチェック！

① 早見表A
月：蠍座

ハルコの場合：蠍座

月が 牡羊座

「興奮」に縛られやすい

　一度火がつくと止まらないタイプ。強く感銘を受けた、最高に楽しかったなど、ポジティブな興奮に支配されると、勢いに乗って力量以上の力を発揮することも。ただし、ヒートアップして人と衝突したり、無遠慮に突き進んで炎上する可能性も。テンションに左右されやすいでしょう。

月が 牡牛座

「心配」に縛られやすい

　危機察知能力が非常に高いうえに、管理意識もあるため、心配性になりがち。人生設計から逆算してお金が足りない、出会いがないなど必要以上に不安になることが。日常でも、「カギかけたっけ？」「この時間で合ってたっけ？」など、何度も再確認をするようなタイプです。

月が 双子座

「好奇心」に縛られやすい

　興味の対象が次々と移り変わり、あれもこれも知りたいという欲にかられます。そのため新しい発見をしやすい傾向が。ただし、好奇心に支配されすぎると、1つのことや1人の人に集中できない側面も。また、SNSやネットでの調べものに夢中になり、かなりの時間を使ってしまうことも。

月が 蟹座

「同情」に縛られやすい

　優しさのあまり、感情移入しすぎる時があります。不遇な人や弱っている人を目の当たりにすると、独自のセンサーが反応し、つい深入り。それが救いになる人もいれば、「放っておいて」と思う人も。あなたが冷静さを失っては本末転倒。その人との距離感を再確認して接しましょう。

月が ♌ 獅子座

「過信」に縛られやすい

　堂々と胸を張っていたいあなた。心の奥にある自信が途絶えることはなく、ビクビクせずにいられるのが長所。ただし、自信過剰になる時もあります。謙虚さを忘れたり、ナルシスト的な言動をしたりしていると、人間関係に軋轢が生まれてしまいます。おだてに惑わされて暴走することも。

月が ♎ 天秤座

「葛藤」に縛られやすい

　一度迷うと、延々と悩み続ける性質です。客観視できるタイプだからこそ、どちらのメリットもデメリットもわかり、決めかねるのでしょう。決まった後も、その決定が正しかったのかと葛藤を続ける性質。それは日常的な判断だけではなく、進路や結婚など人生の選択においても表れます。

月が ♐ 射手座

「崇拝」に縛られやすい

　考え方や価値観など、誰かの"精神"に心酔することが。歴史上の偉人、宗教の祖、憧れのロックスターなどの言葉を妄信しがち。行きすぎると、独善的に他人に広めたくなるかもしれません。倫理観や道徳観を共有したいのでしょう。ただ、それが人生の軸となり支えとなることも確かです。

月が ♒ 水瓶座

「虚栄心」に縛られやすい

　自分は人とは違う、普通ではないということをアピールして、自分の存在を認めてもらおうと躍起になることが。独創的なアイデアにつながりますが、突飛な提案や浮世離れした言動で周囲を困惑させることも。変人と"思われたい"ところがあり、意図的に変わったことをしようする場合も。

月が ♍ 乙女座

「潔癖」に縛られやすい

　1つのシミが気になってしかたがない。そんな神経過敏な時があるでしょう。1つのミスや発言が気になってしまうと、いつまでも引きずるタイプ。経歴や態度に清廉潔白を求めすぎることも。過去に過ちを犯した人やウソをついた人を、信頼しきれない傾向。木を見て森を見ずになりがち。

月が ♏ 蠍座

「嫉妬」に縛られやすい

　独占欲が誰よりも強いタイプです。「自分のもの」と認識した対象が、他者に脅かされると激しい感情に支配されそう。恋人と親しげな異性、職場のポジションを狙ってくる同僚、遺産目当てで近づいてくる親せきなど、競合相手は徹底的に排除しようとします。相手を束縛する傾向も。

月が ♑ 山羊座

「悲観」に縛られやすい

　一度マイナス思考に陥ると、無関係なこともすべてネガティブに捉えてしまう傾向。もともとシビアに物事を見る性質が影響しています。予定外のことや新しいことに対応する時、この感情に支配されがち。まじめだからこそ、ミスが許されないというプレッシャーを感じやすいのです。

月が ♓ 魚座

「依存心」に縛られやすい

　さびしがり屋で孤独が苦手。構ってくれる人に、身も心も預けてしまう傾向。度がすぎると自立心を失います。依存心に支配されると、どんどんできることが少なくなり、その人がいないと生きていけない、という精神状況に。頼ることと依存することはまったく別のことと心得ましょう。

12 私が漠然と 不安を感じることって?

土星とはメランコリー(憂鬱質)の惑星。土星が入るハウスのテーマについて、あなたは漠然と不安を感じることが。そこはあなたが、鍛えなくてはならない場所でもあります。

🖙 分析のしかた

① 早見表Aから、土星のハウスをチェック!

①早見表A
土星:11ハウス

ハルコの場合:11ハウス

土星が 1 ハウス

人に変な印象を与えていないか?

あなたにはちょっと自意識過剰なところがあり、いつも自分の振る舞いが「浮いて」いないか気にしていそう。周りと違ったことをするのを無意識に恐れているのかもしれません。特に体型や、服装のことが気になるでしょう。老いて能力や容姿が衰えてしまうこともまた、不安要素です。

土星が 2 ハウス

この収入で大丈夫か?

自分やパートナーの収入、貯金額。つまり将来への備えに不安を感じます。不安から、常に転職や独立など、あらゆる可能性を探ってしまいそう。たとえ十分な稼ぎがあったとしても、まだ足りないような気持ちに。心のどこかで、「お金がなければ幸せになれない」と信じているのかも。

土星が 3 ハウス

適切なコミュニケーションか?

特にご近所づき合いのような、浅いコミュニケーションが苦手。よそよそしい態度を取ってしまうこと、あるいは馴れ馴れしくしすぎてしまうことを、恐れているでしょう。職場や地域の集まりごとも不安。何かとコンプレックスがあり、それが人に心を開けなくさせているのかも。

土星が 4 ハウス

立派な家を持てるか?

素敵な家を見ると「それに比べて自分は」と思ってしまいそう。同級生が家族を得たとか、家を建てたというような話も苦手。立派な家を持っていないと恥ずかしい、と思っているのかも。睡眠の不安も抱えがちです。心の底から、安心できる居住環境や家庭が必要だと思っています。

土星が 5 ハウス

子どもと幸せになれるか？

妊娠、出産、育児。あなたに子どもがいるか
いないかに関わらず、そのことについて考えると
落ち着かないでしょう。自分は愛されているか自
信がなく、そのことが不安の原因かもしれません。
パートナーがいる人は、相手が浮気や不倫をして
いないかを心配してしまうクセも。

土星が 6 ハウス

自分や家族、ペットは健康か？

病気やケガの話を見聞きするのが苦手で、も
し自分の大切な存在がそんな目に遭ったら、と
考えると気が塞ぐでしょう。仕事の不安もつきま
といがちです。いつかクビになるのでは、一生働
き続けられるだろうかと、たまに考えて怖くなる
のでは。労働環境の良し悪しも気にするポイント。

土星が 7 ハウス

人に嫌われていないか？

ふと「○○さんは私のことが嫌いなのでは」と
考えることが。万人に好かれたい、という思いが
あるのかも。結婚にも不安を感じるタイプ。いい
結婚ができるか、うまくパートナーシップを築け
るだろうか、と。まだ結婚もしないうちから、離
婚について考えてブルーになることも。

土星が 8 ハウス

老後の生活はどうなる？

特にお金のことが心配でしょう。まだ若いうち
から年金や、貯金のことを考えると憂鬱だったは
ず。遺産、もしくは相続のことで頭を抱えている
人もいるかもしれません。子どもがいる人は、成
長するまでにかかるお金、独身でも保険金など
の毎月差し引かれるお金が、悩みの種になりがち。

土星が 9 ハウス

勉強不足ではないか？

自分はまだまだ勉強不足のように感じています。
特に高等教育についてです。例えば大学を中退
したとか、卒業後、学びをあまり活かせていない
とか。何かにつけ「もっとちゃんと勉強しておけ
ばよかった」という後悔が顔を出します。それが
原因で、コンプレックスを抱くことも。

土星が 10 ハウス

後輩から信頼されているか？

「部下や後輩は私のことを尊敬しているのだろう
か」と密かに気にしています。自分のいないところ
で陰口をたたかれているのでは、と思うと心配
でしょう。自分は社会的に立派なのかどうかとい
う悩みも抱きがち。世間体を気にするタイプで、
出世できずに終わることを恐れています。

土星が 11 ハウス

孤独になるのではないか？

一番不安なのは、友達がいなくなってしまうこ
と。今ある関係がずっと続くという保証はどこに
もなく、引っ越しや結婚など、ちょっとしたこと
で疎遠になってしまう。そんなことを思っては、
さびしい気分に浸っているのでは。自分でなく、
この国の将来について、憂いを感じることも。

土星が 12 ハウス

ネットやSNSで嫌われていないか？

自分のいないところで誹謗中傷されることを恐
れているようです。安心するためか、エゴサーチ
がやめられません。何だかよくわからない、漠然
とした不安の持ち主でもあります。基本的にメラ
ンコリーな世界の住人。幻想にふけりやすく、
悪い想像にハマるとなかなか抜け出せないかも。

自己分析 13 私は「1人時間」を どう過ごすと充実？

何かと「1人の時間」の選択肢が増えてきた今。心から落ち着ける場所でもある4ハウスに、あなたの1人時間を充実させるヒントが！ これを知ると、人生がより楽しいものに。

▶ 分析のしかた

① 早見表Bから、4ハウスの星座をチェック！

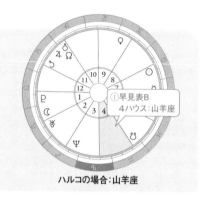

① 早見表B
4ハウス：山羊座

ハルコの場合：山羊座

4ハウスが 牡羊座

身体を鍛える

例えば、筋トレやジョギング。体型が変わったり、疲れにくくなったりと、やりがいはいくつもありそう。身体作りという意味では、料理もおすすめです。特に、栄養学や体質改善の視点から料理を学ぶと有意義でしょう。心身の調子がよくなるなど、確かな効果と充実を感じられるはず。

4ハウスが 双子座

本を読む、文字を書く

1人で小説や雑誌をパラパラとめくる時間に幸せを感じられそう。書き物も◎。物語の執筆だけでなく、ペン字やカリグラフィーなど文字を書く行為そのものも含みます。勉強も1人時間がおすすめ。書店と合体しているタイプのカフェや、図書館など、本の近くで作業するとはかどるかも。

4ハウスが 牡牛座

お金回りを整える

お財布の中身を整理したり、家計簿を見直したり。レシートや領収書、ポイントカードをためているのなら1人時間で片づけを。1人で買い物に行くのも楽しめそうです。もっと別のものなら物作り、特に編み物がおすすめ。暑い時期ならパッチワークや刺繍に挑戦してみては？

4ハウスが 蟹座

土にふれる、よく眠る

庭に美しい花壇を作ったり、野菜やハーブを育てたり。植物の世話をすることが日々の潤いを与えてくれるでしょう。庭がない人はプランター菜園や、部屋に小さなサボテンを置くなどもOK。1人時間こそ、家でまったりとくつろぐのが重要。アロマを焚いたり、ゆっくり眠ったりしましょう。

4ハウスが 獅子座

歌ったり踊ったりする

　特に、エアロビのようなガッツリ身体を動かすダンスがおすすめ。カラオケやジムに行くなど、思いっきり弾ける時間が癒やしに。芸術に親しむのもよく、クラシック鑑賞や絵を描くといった活動も楽しめそう。ぬり絵やスクラッチアートのような軽いものから始めては？

4ハウスが 天秤座

自分をときめかせる

　例えばアーティストのライブ映像を見るなど。甘味好きならホテルのスイーツビュッフェに繰り出したり、推しのアイドルやキャラクターのグッズがあるお店に行ったり。おしゃれもキーワードです。次の休みに着る服を試すとか、自分に似合うメイクの研究に時間を使ってみて。

4ハウスが 射手座

遠いところへ行く

　旅行や神社仏閣に詣でたり、瞑想をしたり俗世から離れる体験もいいでしょう。写経もおすすめです。心だけでもトリップさせる気持ちで、旅行ガイドや紀行文を開いてみては。本のお供に現地のお菓子を取り寄せても楽しいでしょう。スポーツ観戦も日常を忘れさせてくれます。

4ハウスが 水瓶座

ネットやSNSに浸る

　満足するまでどっぷり浸かるとスッキリ。電子機器が幸せの使いなので、最新家電のカタログを見たり、電気街に繰り出したりするのもリフレッシュになりそう。新しい機器を買うこともおすすめです。生活が便利になることは、心の充実度を上げることに直結しているでしょう。

4ハウスが 乙女座

家事をする、動物と戯れる

　1人で黙々と手を動かす時間が、心を整えてくれそう。お気に入りの音楽や動画をBGMにして行うとより効果的。ペットと遊ぶのもいいでしょう。何も飼っていない人でも、動物とふれ合うのはおすすめ。アニマルカフェのような施設に足を運んでみては？　動物園や水族館も◎。

4ハウスが 蠍座

何かに没頭する

　例えば、興味のあるテーマについて研究するなど。1人で黙々と調べものをしたり、ノートをまとめたりする時間に、充足感が。昔の写真を見返すのも気持ちの活性化につながります。卒業文集や過去にもらった手紙、年賀状があれば読み返してみて。思いがけない記憶や感情が蘇るかも。

4ハウスが 山羊座

高いところに登る

　登山はもちろん、展望台のような場所へ遊びに行くのでもOK。そこにある眺めのいいレストランで食事をするなど、自分を労う時間にすると心が満たされそう。資産家の自伝を読んだり、老後のプランを練ったりするのも◎。素敵な老後を送っている人のドキュメンタリーも楽しめそう。

4ハウスが 魚座

現実世界と距離を置く

　映画やドラマ、コミックの世界に浸るなど。ネットゲームに没頭するのもいいでしょう。また、静かで落ち着いた時間を過ごすことも重要で、ただぼーっと物思いにふけるだけ、という時間も大切だったりします。環境ビデオのような静かな映像は、特にヒーリング効果がありそうです。

自己分析 14 SNS上の私って どんな性質?

本当の自分とは少し違う、でもこれからの時代の新しい顔でもある、アイコン越しのあなた。見えない世界を示す12ハウスの星座が、もう一人の自分の特徴を物語っています。

📣 分析のしかた

① 早見表Bから、12ハウスの星座をチェック!

① 早見表B
12ハウス:乙女座

ハルコの場合:乙女座

12ハウスが 牡羊座

純粋無垢タイプ

初心者マークをつけたまま、無邪気に、少し危なっかしい運転をしているような感じです。良くも悪くも子どもっぽく、ネットマナーもあまりよくわかっていないかも。感情的な投稿で炎上したり、誰かとトラブルになったりと激しめのSNS生活に。でも、本人はケロッとしています。

12ハウスが 牡牛座

写真投稿がメインタイプ

文章での投稿は少ないほうですが、写真投稿は多め。特にスイーツの写真を上げまくります。画像の質には人一倍のこだわりがあるのも特徴です。高価なカメラを使ったり、小道具を用いたりと、撮影機材に労力を惜しみません。画像の加工術にも詳しく、まるで「職人」のようです。

12ハウスが 双子座

積極的に発信タイプ

SNS上でも"おしゃべり"です。投稿がとにかく多く、ログインしている間はずっと稼働していそう。複数のアカウントを同時に転がしていることもあり、話題がコロコロ変わることも相まって、まるで「中の人」が複数いるよう。ネットスラングを多用する傾向。物知りを匂わせる発言も。

12ハウスが 蟹座

群れたがりタイプ

ネットの世界でも横のつながりや自分のコミュニティを求めるタイプです。優しくて仲間意識が強く、フォロワーのことをとても大事にします。「部室」感覚でSNSを利用しているのかも。オフ会も大好きです。ただし、コミュニティ外の人に対してはかなり排他的な傾向が……。

12ハウスが 獅子座

目立ちたがりタイプ

　ネットの世界ではタレント気質で、ちやほやされることを求めます。いつも注目されていることが望みです。自分を持ち上げてくれるフォロワーを集め、ファンクラブのような人間関係を作りがち。「いいね！」をくれればOK。決め顔のアイコンが目印で、エゴサーチが日課になりがち。

12ハウスが 天秤座

積極交流タイプ

　ネットの世界では人と関わるのが大好き。ある意味、最もSNSに向いているタイプです。様々なコミュニティに出入りし、愛想とマナーのよさでどこからも歓迎されます。でも、八方美人なので、たまにそれが原因でトラブルになるかも。公平性がないと機嫌が悪くなるのも特徴です。

12ハウスが 射手座

気まぐれ更新タイプ

　放浪癖があるでしょう。複数のSNSを使っていますが、来たと思ったらフラリといなくなります。そのまましばらく姿を見せない、なんてことも。コメントは言い放ち気味で、ちょっといい加減。突如、哲学的な投稿をしがち。「博学家で大らかな人に見られたい」という欲も。

12ハウスが 水瓶座

リアルでの関係を募集タイプ

　ネットでは何かの有志を募ったり、協力してくれそうな人を引っ張ってくるのが得意です。また、自分のフォロワー同士がつながることを喜びます。国内だけでなく、海外のコミュニティにいることも多いです。海外発の新しいSNSツールに手を出すのも早いでしょう。

12ハウスが 乙女座

ひっそり情報収集タイプ

　あまり自己主張はしないでしょう。目立つのが嫌いで、いつも控えめ。SNSでは自分の投稿より、反応や拡散がメイン。ネット世界では人のフォロー役に回るのが好きなのかも。コミュニティではデータ解析班として活躍。ネットで調べ上げた情報を、皆に伝える役目を自負しています。

12ハウスが 蠍座

オタク気質なアカウントタイプ

　好きなものには徹底的に熱中するタイプで、ひとたび何かの沼にハマると話題はそればっかりに。たまに1人で語り始め、ものすごい量の連投を行うことも。ネット世界の「事情通」で、ネット上の噂や事件に詳しかったりもします。気に入らない存在に対しては、アンチになることも。

12ハウスが 山羊座

まとめ役タイプ

　名実共にコミュニティの「主」で、やたらと周りを束ねようとします。ネットの世界では少し、仕切り屋さんかも。発言の場では司会者ポジションです。上手にマイクを回して盛り上げます。ルールを決めるなどの運営行為も得意ですが、ネットマナーに厳しく、無法者には厳しいです。

12ハウスが 魚座

"構ってちゃん"タイプ

　何か不安なことがあるとネットに書き込むクセがあり、「いいね！」をつけてもらうことで回復します。ネットに心の慰めを求めるタイプです。現実逃避のような内容の投稿が多め。突然、悟ったようなことを書く時もあります。そして、たまにネットの世界から姿を消してしまいます。

自己分析 **15** # 私がSNS上でストレスを 感じやすいこと&ケア術

SNS上の性質を表す12ハウスの星座の、90度先の星座からストレスを感じやすいこと、180度の星座からそのケア術が分析可能。ここでは、12ハウスの星座を基点に診断結果を見てみて。

①早見表B
12ハウス：乙女座

※アスペクト表
乙女座の180度
→魚座（ケア術）

※アスペクト表
乙女座の90度先
→射手座（ストレス）

ハルコの場合：乙女座

📩 分析のしかた

① 早見表Bから、12ハウスの星座をチェック！

※診断結果は、その星座とアスペクト表をもとに、90度先の星座と180度の星座から導いています。

12ハウスが 牡羊座

○○リレー／一度騙されてみる

○○リレーやSNSで参加者を募集するような空気がストレス。内輪だけで楽しみたいのに、結局、空気を読んだり陰口を警戒したりしないといけないのが嫌なのです。でも、本当のあなたが苦手なのは上下関係では？　意外と、こういった横のつながりに参加してみると、楽しいと気づくかも。

12ハウスが 牡牛座

膨大な"リア充"処理／フォロワー整理

そこまで親しくはない友人や同僚のキラキラした投稿。それに「いいね！」などの反応をするのが面倒。でも反応しないと、どう思われるか不安なのがストレスです。フォロワーが増えたりバズったりすることに、実は興味がないタイプ。本当に近況を知りたい人だけに整理してみて。

12ハウスが 双子座

重い批評コメント／リアルを充実させる時

ネット記事を引用しては、批評ばかりのアカウントがストレス。基本的にSNSは楽しい投稿や軽いノリの場と考えていて、深刻な話やまじめな演説は苦手。自分好みの投稿が少ない時は、一時的にスマホと距離を置くタイミングです。遠くに出かけたり、読書をしたりする時間を確保！

12ハウスが 蟹座

公開範囲が広いこと／コミュニティを絞る

投稿、反応、コメントなどのアクションを起こすたびに、外の世界の人に「どう思われるかな……」と気にしすぎてストレスを感じます。他人の投稿にどこか距離を感じ虚しくなることも。ナイーブな時は、SNSの時間は自分で制限したり、投稿の公開範囲を絞ったりして。現実世界を第一に。

12ハウスが 獅子座

リアルな人間関係への影響／堂々とする

　現実社会とは別の気軽なツールと考えているのに、投稿や反応をいちいち重く考えたり、裏を読んだりする人の存在がストレス。SNSとリアルの連動性は十人十色。多様性を受け入れて、個別に対応すること。つまり、現実世界の人間関係と同じだと思って対応しましょう。

12ハウスが 天秤座

ビジネスに関わること／目的の表明

　ビジネスライクなメッセージや宣伝のような投稿にうんざりしてしまうかも。SNS上での下心にストレスを感じるでしょう。仕事のやり取りも億劫なはず。SNSへのスタンスをプロフィールなどで主張しておくと◎。プライベート用、趣味用などでアカウントを分けてもいいでしょう。

12ハウスが 射手座

自己陶酔系の投稿／ユーモアに変える

　構ってほしいアピールや自分に酔ったようなポエム的な投稿に苦手意識が。また、怪しいスピリチュアルの話も気持ち悪いと感じてしまうかも。その投稿を利用できると、そのストレスは軽減されそう。例えば、誰かのポエム的な投稿のパロディ表現で、自分の好きなものを紹介するなど。

12ハウスが 水瓶座

"量産型"の投稿／自分自身が個性派に

　スイーツや"盛られた写真"など、中身のない外面ばかりをよくした投稿だらけだと、ストレスを感じるでしょう。個性のある人がいないと、SNSはつまらないと感じるのです。そこで、自分自身がSNS上でとても個性的な人物になってみては？　変わり者になれると、意外と快感。

12ハウスが 乙女座

知識マウント／スルー

　小難しい話や崇高な内容の投稿ばかりの人がストレスに。知識や夢があることのマウントが苦手なのです。まずは、SNSは何を投稿してもいい、自由な場所なのだと認識しましょう。興味のないものは、反応しないか機械的に「いいね！」を押すなど、精神的にはスルーするくらいでOK。

12ハウスが 蠍座

無反応／人の反応で行動を決めない

　投稿やメッセージにレスポンスがないことが、何よりのストレス。投稿に反応してくれても、自分自身には興味はないのか、上辺だけか……など、考えすぎてリアルの時間を削ってしまうことも。大事なのは自分のペース。反応がないなら、次に気持ちを切り替えて、待つ必要はありありません。

12ハウスが 山羊座

一方的な内容の投稿／リアルでのグチ

　我が強すぎる投稿や、一方的な意見表明にストレスを感じるタイプ。ルールを守らない協調性のないアカウントにもモヤモヤ。そんな時は、リアルで身近な人に相談したり、グチを言ったり。共感してくれる人がいれば、ストレスはあっても、それに支配されることはなくなります。

12ハウスが 魚座

思いやりのないこと／動物の画像

　こまめな投稿、大量の絵文字、品のない写真……。大量生産された投稿には、ストレスを感じるかも。また、悪口はもちろん、皮肉やダークネタも、たとえ自分のことではなくてもストレスに。かわいい動物の画像や動画ばかりのアカウントをフォローしておくと、かなり癒されます。

(自己分析) 16 私の基本的な
対人傾向って？

自分本来のあり方を示す1ハウスと、他者との向き合い方である7ハウス。その星座の支配星の位置関係＝バランスが、あなたの基本的な対人傾向を物語ります。

🖙 分析のしかた

① 早見表Bから、1＆7ハウスの星座を確認。
② 支配星一覧から、①のそれぞれの支配星を調べる。
③ 早見表Aから、②のそれぞれが位置する星座を見る。
④ アスペクト表から、③の角度をチェック！

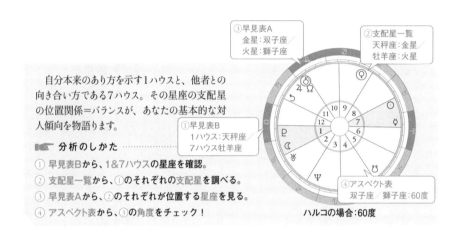

③早見表A
金星：双子座／
火星：獅子座

②支配星一覧
天秤座：金星／
牡羊座：火星

①早見表B
1ハウス：天秤座／
7ハウス牡羊座

④アスペクト表
双子座／獅子座：60度

ハルコの場合：60度

1＆7ハウス星座の
支配星の角度が

 0度

人とのつながりを強く求める

「独りでいるのが嫌い」で、距離が近くてベタベタした人間関係を作りがち。特に気に入った相手とは「四六時中一緒にいたい」と思う派。実際、リアルでもSNSでも何らかの形で、常時コミュニケーションを取っているかもしれません。また、人の世話を焼くのも好きで、相手のピンチも自分のことのように危機感を抱き、サポートできます。ただ、たまに煙たがられることも。でも、そんな性質さえも自分のキャラクターとして取り込み、武器にできるタイプ。

1＆7ハウス星座の
支配星の角度が

 60度

相手をもてなそうとする

サービス精神が旺盛で、「人の期待に応えようとする」傾向です。もともと人に対して苦手意識を持ちにくく、誰とでも友好的な関係を築こうと努力するでしょう。しかし相手主体の関係を好む一方で、自己主張はあまり得意ではなさそう。例えば、何かを決断したり、頼まれ事を断ったりするのは難しい、と感じているかもしれません。また、いつも場を盛り上げようと考えている「ムードメーカー」な一面もあるようです。献身的であるほど安心できるのです。

1&7ハウス星座の 支配星の角度が

90度

警戒心が強い

　基本的に、人を疑い、警戒する傾向があります。相手が誰であっても最初から心を開くことはしないでしょう。慎重に、相手を見定めようとします。そもそも「自分は人づき合いがあまり得意ではない」と感じているかもしれません。実際、あなたは仲よくできる人とは、強い絆を作りますが、そうでない人との関係が悩みの種になることが多いでしょう。しかも、一度関係がこじれると修復に時間がかかります。その分、一度信頼関係を築くと強いです。

1&7ハウス星座の 支配星の角度が

180度

心の壁を作りやすい

　やや他者を拒絶しがちな傾向で、人と距離を取りたがります。勝手に誰かを「ライバル認定」し、対抗心を燃やしたり、被害妄想に苦しんだりすることも。しかし、一度打ち解けると今までツンツンしていたのがウソのように心を開きます。とはいえ急に馴れ馴れしくなるようなことは好まず、相手にも「適切な距離感」を強く求めます。人を「リスペクト」する姿勢の持ち主だからこそ、自立した大人の関係を前提とします。自分にも他人にも厳しいタイプ。

1&7ハウス星座の 支配星の角度が

120度

誰とでもソツなく打ち解ける

　ほとんど人見知りせず、苦手な相手にも合わせようとする傾向があります。典型的な「優等生キャラ」のイメージです。自分からトラブルを起こすようなことはしないので、基本的に人間関係は平和そのもの。ですが、本人は分け隔てなく仲よくしているつもりで、無意識の「内輪盛り上がりの常習犯」になる、排他的な一面も。信頼している人とそうでない人に見せる、ちょっとした表情や会話内容の違いが、「上辺だけの笑顔」を感じさせるかも。

1&7ハウス星座の 支配星の角度が

30度 **150**度

そもそもあまり興味がない

　群れるのを嫌い、単独行動を好む傾向があります。「無人島でも暮らせる人」です。自分から友達を作りに行くのは苦手で、集団になかなか馴染めないかもしれません。でも「気配を消す特殊能力」があるため、大きなトラブルに巻き込まれることはなく、たとえ痛い目にあったとしても自分だけ軽症の不思議キャラ。実はリーダー気質を秘めていて、人生で一度は何かの長を務めたり、自分が求めていなくても「愛されキャラ」になっていたりすることも。

自己分析 17 私が周りに気に入られやすいポイントって?

「自分の魅力」を表す金星の星座から、愛されポイントが見えてきます。自分では苦手だと思っていることでも、周囲の人はチャームポイントとして受け止めているようです。

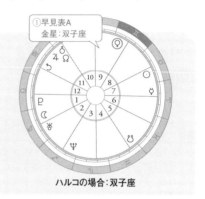

①早見表A
金星：双子座

ハルコの場合：双子座

▶ 分析のしかた ....

① 早見表Aから、金星の星座をチェック!

金星が 牡羊座

情熱的に取り組むところ

　周りの人から見たあなたは、目標に対していつも全力投球。いい意味で手抜きができない人です。そんな「元気いっぱいで裏表がない態度」が気に入られそう。たまに突拍子もない行動で周りを慌てさせることもありますが、そういうサプライズな性格も「放って置けない魅力」に映ります。

金星が 牡牛座

人に安心感を与えるところ

　焦ったり慌てたりする姿とは無縁の、どこかエレガントな魅力がある人。誰に対しても大らかに接し、相手を緊張させることがありません。いつもマイペースを崩さず、「10年ぶりに再会しても昔と同じムードで迎えてくれそう」な安定感も◎。一緒にいたいと思わせる魅力があります。

金星が 双子座

フレンドリーなところ

　どんな人にも気さくに話しかけられるあなた。いつも明るく爽やかなノリで、一緒にいて気疲れしません。誰とでも「ライトな関係」を作れる力が評価されていそう。おしゃべり好きで、どんな話題でも楽しそうに聞いてくれるところも魅力的。あなたと話すのが楽しみな人は多いはず。

金星が 蟹座

親身に話を聞いてくれるところ

　共感能力が高く、相手の気持ちに敏感。傷ついている人を放っておかず、「何かあった?」と声をかける優しさの持ち主です。また、大切な人のためなら一肌脱ぐ、仲間意識の強いところも魅力。たまにものすごい度胸を見せる時があり、肝っ玉母さんとして皆から頼りにされるでしょう。

金星が ♌ 獅子座

自己アピールがうまいところ

「どうすれば自分が最も格好よく見えるか」を熟知しているタイプ。嫌味なく着飾るのが得意で、暗い色を身にまとっていても、どこかゴージャスな存在感があるでしょう。いい意味で自我が強いところも魅力の1つ。好きなものは好き、嫌いなものは嫌いとはっきり言う姿勢が好印象です。

金星が ♎ 天秤座

誰に対しても公平なところ

調和を愛するあなたは、誰かを仲間外れにするようなノリが苦手。どんな人でも腕を広げて迎え入れようとする、社交的な人柄が愛されるでしょう。美的センスのよさも魅力。その場の誰より素敵なのに、どんなシーンにも溶け込んでしまう「カメレオン」のような能力がある人です。

金星が ♐ 射手座

大らかで懐が深いところ

少しの無礼講ならウェルカムで、約束を忘れられたり、遅刻されたりしても怒らない。そういう「あっけらかん」とした性格が一番の愛されポイントでしょう。自分もかなりルーズなのはご愛嬌。目標が定まれば、ジェット機のように一瞬でトップスピードに持っていける瞬発力もウリ。

金星が ♒ 水瓶座

先入観に縛られないところ

1つの視点に縛られることなく、物事を多角的に見られる人。そんなスケールの大きさが周りから、一目置かれます。いつも冷静で、どんなことも臨機応変に対処できるシャープさも魅力。人とは違った視点の持ち主なので、たまに破天荒なことを思いつく「トリックスター」な一面も。

金星が ♍ 乙女座

面倒見がいいところ

細かいところによく気がつき、微に入り細に入りな仕事ぶりで評判。困っている人を見過ごせないタイプで、「人助けは当然のこと」と考える騎士のような性格が愛されていそう。何事にも丁寧に取り組むのも好印象。目上の人からは信頼され、後輩からは尊敬されるタイプです。

金星が ♏ 蠍座

粘り強いところ

相手を選んで手を抜くようなところがなく、1人ひとりに情を持って接することができるタイプ。物事の表面だけを見て満足せず、深い事情にまで思いを馳せようとする粘り強さが持ち味です。鋭い洞察力もあり、「あなたなら」と信頼して心を開いてくれる人は多いでしょう。

金星が ♑ 山羊座

落ち着いていて頼りになるところ

手抜きやズルとは無縁の生き方を貫く「武士」のような人。クールな佇まいが魅力で、「この人について行きたい」と思わせる静かなカリスマがあるでしょう。実際、人を束ねる力のあるタイプです。普段は物静かですが、ここぞという時に発する「鶴の一声」で一気呵成に現場を動かします。

金星が ♓ 魚座

毒気がないところ

しがらみを超え、相手を無条件に受け入れる優しさの持ち主。たとえようのないオーラがある人で、誰であれ一緒にいると「毒気を抜かれてしまう」特殊な力を持っています。物事を悪く受け取らないピュアな性格も魅力的。ちょっと「不思議ちゃん」な言動すら、好意的に受け入れられます。

18 私はどんな人に 苦手意識を抱いてしまう？

プライドを示す太陽の星座。その正反対、180度の星座のイメージは、あなたのコンプレックスを刺激してくる人の特徴と通じます。こんな人にモヤモヤした経験、ありませんか？

📖 分析のしかた

① 早見表Aから、太陽の星座を確認。

② アスペクト表から、①と180度の角度の星座をチェック！

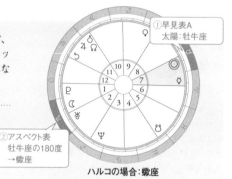

①早見表A
太陽：牡牛座

②アスペクト表
牡牛座の180度
→蠍座

ハルコの場合：蠍座

太陽の星座の180度が 牡羊座

"個"の強さを持った人

周囲の顔色を気にするようなことがなく、わが道を行くタイプです。そんな姿勢を「いいなあ」とうらやましく思ってしまいそう。疑うことを知らない素直な性格にも、胸を締めつけられるような憧れを感じるかも。なぜか自分の子ども時代を見ているような気分になって、落ち着かない人。

太陽の星座の180度が 双子座

リサーチ力があって要領がいい人

学習能力が高く、要点を押さえるのがうまいタイプです。あなたが苦労して身につけた知識や技術をさらりと習得。いつの間にか同じレベルに追いつかれていて、プライドを傷つけられるかも。それでいて、あなたの顔を立てようとしている節があり、そういう妙に律儀なところもモヤモヤ。

太陽の星座の180度が 牡牛座

美意識が高い人

服装やインテリアの趣味がいいタイプです。その人のセンスを目の当たりにして、自信を失ってしまいそう。美しいと思ったものを手放しで評価する姿勢も苦手です。もし自分の服装をほめられようものなら、「皆にも同じことを言っているんでしょ！」と内心反発してしまうかも。

太陽の星座の180度が 蟹座

馴れ合いのような関係を築く人

縦よりも横のつながりを大事にするタイプです。誰にでも家族のようなテンションで接する性格。一緒にいると甘えさせてくれて、思わず「自分にはこういう優しさが足りないのでは」と反省。人前で泣いたり笑ったりできる強さの持ち主でもあり、その強さに嫉妬を感じるでしょう。

太陽の星座の180度が 獅子座

スター性のある人

黙っていても人が追従してくれるタイプです。自己顕示欲が強い性格。でも、そういうキャラクターとして丸ごと愛される求心力の持ち主です。その人を見ていると「好き勝手できてうらやましい」と思うはず。根拠のない自信に満ちあふれたキラキラの笑顔も、眩しくて直視できません。

太陽の星座の180度が 天秤座

人に合わせるのがうまい人

スマートで自分の見せ方をよく知る「世渡り上手」なタイプです。そんな人を見ると何かズルをされているようで我慢ならないのでは？　なぜなら、あなたはまっすぐで不器用な性格だから。特に外見や口のうまさを武器にする人を見ると「実力で勝負しろ！」と叫びたくなるかも。

太陽の星座の180度が 射手座

器の大きい人

サバサバしていて、細かいことでは怒らないタイプです。手を噛まれても笑顔で許すところが、人間力の違いを見せつけられているように感じるかも。博学で教え上手なところにはジェラシーを感じ、そんなあなたの気持ちを知っていて、あえて放任しているような態度にもモヤモヤ。

太陽の星座の180度が 水瓶座

独特の雰囲気がある人

古い慣習にとらわれず、時代の一歩先を見ているタイプです。ちょっと奇抜な言動で人々から注目されがち。大事な人がその人と遊ぼうものなら「人気を奪われた」とショックを受けそう。さらに「人気や名声には興味ありません」と言わんばかりの飄々とした態度にも、カチンとくるかも。

太陽の星座の180度が 乙女座

自己管理能力の高い人

自分で自分の機嫌を取れるタイプです。その人は、あなたが機嫌を損ねるようなことをしてもすぐにリカバリー。逆に「つらいことでもあった？」と聞いてくれるような余裕に、かえって惨めな気持ちにさせられそう。その精神的に自立した態度が、あなたのコンプレックスを刺激するのです。

太陽の星座の180度が 蠍座

一途で愛情深い人

好きなものにマニアックな愛情を注ぐ人です。その人は「愛のためなら死ねる」性格。アイドルやブランドに大金をつぎ込む姿に、あなたは呆れつつも、少し嫉妬してしまうかも。挫折や諦めとは無縁の執念深さも負けを感じるポイント。あのパワーが自分にもあったら、と思わされそう。

太陽の星座の180度が 山羊座

プライベートを犠牲にする人

ビジネスセンスがあり、競争社会を勝ち抜いていく強さと忍耐力を兼ね備えたタイプです。プライベートを犠牲にできるストイックさが、一番「敵わない」と感じるところ。威厳という名のカリスマ性の持ち主や文武両道のエリートには、戦う前から心を折られてしまうかもしれません。

太陽の星座の180度が 魚座

守られキャラの人

世間知らずで甘えん坊なタイプです。その人はいかにも「箱入り」で育てられたような無垢な言動が特徴で、信者多数。あなたもつい世話を焼いてしまい、後から「またやってしまった！」と後悔。でもピュアな笑顔で感謝されると、少しでも悪い感情を抱いた自分に自己嫌悪するハメに。

自己分析 19 私に元気をくれる人ってどんな人?

1ハウスとは、あなたを照らす太陽が昇ってくる場所。この星座から、照らしてくれる=元気づけてくれる人の特徴をチェック。こんな人をそばに置いておきたいところ。

👉 分析のしかた
① 早見表Bから、1ハウスの星座をチェック!

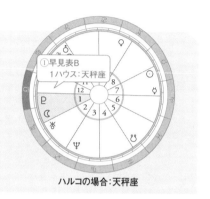

① 早見表B
1ハウス:天秤座

ハルコの場合:天秤座

1ハウスが 牡羊座

他人に気を遣わない人

その人はいつもマイペースで、相手が誰でも物怖じしない性格。「誰にどう思われても私は私」という態度で、力強くあなたを励ましてくれそう。転んでも立ち上がるメンタルの強さと生命力もウリ。あふれ出る元気で人を勇気づけるタイプで、一緒にいるだけで気持ちが上向くはず。

1ハウスが 牡牛座

ペースを尊重してくれる人

些細なことには動じず、相手のペースにも巻き込まれない性格。あなたが落ち込んでいる時はあえて詮索せず、「何かおいしいものでも食べに行こうよ」と連れ出してくれる優しさがあります。ちょっと食いしん坊なところがあり、その独特のほっこり感もあなたを癒やしてくれそう。

1ハウスが 双子座

ユーモアがあって重くない人

ネタの引き出しが多い、おしゃべり好き。人を笑わせるのが大好きで、あなたを明るい話題で元気づけてくれるでしょう。話の操縦がうまいタイプで、深刻な会話も最終的には笑いで着地。あなたの笑顔を見て「あれ、何の話してたんだっけ?」と、とぼける確信犯なところがありそう。

1ハウスが 蟹座

何でも共感してくれる人

喜怒哀楽の感情が豊かなタイプ。あなたと一緒に泣いたり笑ったりしてくれて、まるで「君もそうしていいんだよ」と言ってくれるよう。人の弱さや甘えを受け入れる情の持ち主なのです。まれにあなた以上に興奮して疲労困憊することがあり、そういうドジなところにも元気をもらえそう。

1ハウスが 獅子座

親分肌な人

その人は「私について来な!」というセリフが似合うヒーロー気質。あなたのことも妹分のようにかわいがり、「何かあったらいつでも相談しなよ」と頼もしいことを言ってくれそう。ただのビッグマウスではなく実力があるところも含め、相手に勇気を与える太陽のような人です。

1ハウスが 天秤座

間合いの取り方を熟知した人

あなたに元気のない時は、深入りせず、かといって突き放すようなこともなく、そっと寄り添ってくれるタイプ。見た目に気を使っていて、いつも「正装」な姿にも元気をもらえそう。適当な格好であなたを出迎えることがなく、そうやって丁寧に応対されると、自尊心が回復するはずです。

1ハウスが 射手座

大局的な視点を持っている人

どこか老成した性格。何を相談しても動じることがなく「それで、あなたはどうしたいの?」と優しく問いかけてくれる人です。あなたが自力で成長できるように誘導してくれる、メンターのような存在。その人は「人生に大切なことを教えてくれる」キーパーソンでもありそう。

1ハウスが 水瓶座

個性をポジティブに受け止めてくれる人

「みんな違ってみんないい」という思想の持ち主。あなたのことも一切否定せず、丸ごと受け入れてくれるでしょう。また、本気で世界を変えようと考えている人でもあります。そういう意識の高さもリスペクトできる相手で「自分もこうしちゃいられない!」と、いい方向に感化されそう。

1ハウスが 乙女座

尽くしてくれる人

他人に奉仕するのが好きなタイプで、元気のないあなたに気づくと「お世話スイッチ」がオン。雑用を片づけてくれたりして、感謝で涙が出るかも。また、その人はとてもほめ上手。あなたが自信を失った時は、言葉を尽くしてほめてくれるので、くすぐったい気持ちになりそう。

1ハウスが 蠍座

忖度なしで意見を言える人

相手のことを本気で思いやる強さの持ち主。それはつまり、時には心を鬼にして、厳しいこともはっきり言ってくれる人。だからこそ、あなたもその人には正直な気持ちを吐き出せるはず。日頃からあなたを見守っていて、助けてほしい時にはすぐに駆けつけてくれる愛情深い人です。

1ハウスが 山羊座

同情なんてしない人

自分にも他人にも厳しいタイプ。あなたが落ち込んでいても慰めるようなことはせず、あえて突き放してくるようなことも。でも、その無言の背中はまるで「苦しい時は一緒だよ」と言っているよう。言葉ではなく態度で人の気持ちを鼓舞する、強力なリーダーシップのある人です。

1ハウスが 魚座

癒やし系の人

どこか浮世離れした雰囲気の持ち主。俗物的なものの見方をせず、いつも「本質的な視点」から何かを語るでしょう。そんな人と話していると、自分の悩みが小さなことに思えてくるはず。また、その人と過ごす時間が「ありがたい」ものに感じられるような、神々しいオーラがあるタイプです。

自己分析 20 私と相容れないのは どんな人？

単なる苦手意識ではなく、お互いに折り合いがつかない相手。それは、公のあなたである太陽の星座と相性が悪い＆前を進む配置、90度先の星座の特徴から見えてきます。

📢 分析のしかた

① 早見表Aから、太陽の星座を確認。

② アスペクト表の左、もしくは上から見て、最初に90度に該当する星座をチェック！

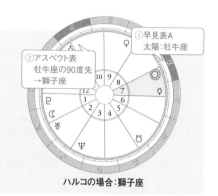

①早見表A
太陽：牡牛座

②アスペクト表
牡牛座の90度先
→獅子座

ハルコの場合：獅子座

太陽の星座の90度先が 牡羊座

空気を読まない人

周囲と足並みをそろえるという発想がなく、わがままに振る舞う性格にイライラ。注意しても言い返してくる攻撃的性格も悩みの種です。また、意外にも一等賞を取るためなら「抜け駆け」も厭わないところもあり、そういう野心家な一面は最もあなたと対立する要素と言えるでしょう。

太陽の星座の90度先が 双子座

無遠慮に心に立ち入ってくる人

おしゃべりで遠慮がなく、ズケズケとものを言う性格に傷つけられそうです。ノリが軽いので、あなたが悲しみや怒りを伝えても「ハイハイ」と流されてしまうでしょう。また、お調子者でロマンティックなムードとは無縁なところにも、ソリが合わないと感じるかもしれません。

太陽の星座の90度先が 牡牛座

感覚至上主義な人

理屈よりも感性を重視するタイプで、「話が通じない」と感じることが多いでしょう。特にケンカになった時は、その傾向が顕著。保守的で、意外性のない性格も退屈に思えるかもしれません。物質主義で持ち物が多く、「捨てられない」性格にもモヤモヤしてしまいそう。

太陽の星座の90度先が 蟹座

おせっかいな人

母親気分であれこれ口出ししてくるのをうっとうしく感じそう。空気を読んで、あなたに合わせようとする態度も共感できそうにないポイント。「自分の意見はないの？」とイライラしてしまいそうです。また、あなたと2人だけの世界に閉じこもろうとする排他的な性格も負担に。

太陽の
星座の90度先が 獅子座

プライドが高い人

何でも一番でないと気がすまず、自分よりちやほやされている人がいたら不機嫌に。そういう「王様気質」な性格に、ストレスを感じるでしょう。目立ちたがりで、何でも大げさにしたがるところも苦手です。話に尾ヒレがつきすぎて「ウソ」になっているのを見ると、呆れてしまいそう。

太陽の
星座の90度先が 天秤座

八方美人な人

「いい格好しい」でキザな性格が鼻につくでしょう。ほめられても「他の人にも同じことを言っていたな」と思うとうれしさも半減。軟派な気質がこのような「おべんちゃら」を口にさせるのかと思いきや、そうすることで壁を作っているような節もあり、なかなか理解できないでしょう。

太陽の
星座の90度先が 射手座

いい加減で適当な人

大雑把で向こう見ずな性格にヒヤヒヤさせられます。何にでも飛びつきますが、あっさり投げ出すことも少なくありません。しかも、そうしてトラブルが起きた時の後処理を他人に押しつけがちで、その役目があなたに回ってくることも。そんな子どもっぽい性格にゲンナリ。

太陽の
星座の90度先が 水瓶座

改革派気質の人

よく言えば革命児、あるいは異端児。現行体制に反旗を翻しがちなタイプで、いつも何かと戦っているようなタイプ。何でも受け入れてしまう性格でもあり、変な思想にかぶれてあなたと対立することも。独立独歩型なので、何かの弾みであっさり縁を切られそうな予感も悩みの種。

太陽の
星座の90度先が 乙女座

神経質すぎる人

ちょっとしたミスをネチネチ注意されて意気消沈。指摘が正論すぎるので言い返せませんが、その「減点方式」な性格はどうかと思うでしょう。世話焼きで尽くしすぎる性格も、便利な反面、負担。たまに子ども扱いを通り越して「赤ちゃん扱い」されているようで、居心地が悪いかも。

太陽の
星座の90度先が 蠍座

いつまでも引きずる人

過去の出来事をいつまでも蒸し返されるなど、ネチネチした性格に「つき合いづらい」と感じてしまいそうです。あなたに隠れて何かしようとするところも油断ならないポイント。SNSの裏アカウントなど、陰で悪口を言われているかもしれないと思うと不安で嫌な気持ちになるでしょう。

太陽の
星座の90度先が 山羊座

ケチケチしている人

良くも悪くも飾り気のない性格で、質素倹約がモットーの相手。あなたがウキウキで買い物をしていると「それ、本当に必要?」などと水を差されるかも。上下関係に厳しく、肩書にこだわる性格にもモヤッとしそう。目上の人にペコペコしているのを見ると、不信感を抱くでしょう。

太陽の
星座の90度先が 魚座

理想ばかりを語る人

能天気で現実を直視するのが苦手。問題を放置した結果、いつもギリギリになって泣きついてくるところに、やれやれとため息を吐きたくなるかも。責任感がなく「難しいことはあなたが代わりに考えて」と言いたげな態度も不満。悩んでばかりで行動しない姿勢に疑問を感じます。

自己分析 21 私が思っていることを 一番うまく伝える方法は?

思っていることを正確に伝えるには? 的確に伝えるべきオフィシャルなシーンでは水星の星座を、恋愛などで感情をダイレクトに伝えるには、金星の星座がヒントに!

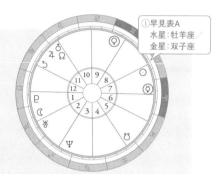

①早見表A
水星:牡羊座/
金星:双子座

📖☞ **分析のしかた**

① 早見表Aから、仕事のシーン／水星の星座、恋愛のシーン／金星の星座をチェック!

ハルコの場合:仕事のシーン／牡羊座、恋愛のシーン／双子座

水星or金星が 牡羊座

短いキーワードが効果的

　メッセージカードや一言コメントなど。見栄えよりも、その瞬間の感情やひらめきをそのまま言葉にするよう意識して。推敲しすぎると、あなたの言葉の鮮度とパワーが落ちてしまいます。「生まれたての言葉」を届けることが、あなただけのオリジナルな思いを伝える方法です。

水星or金星が 牡牛座

素材でのアプローチが効果的

　言葉そのものよりも、言葉で伝えたいことを「五感」を通して表現してみて。紙質にこだわった便箋を使う、文香で手紙や名刺に香りを添えるなどのテクニックはいずれも◎。プレゼントと一緒に気持ちを伝えるのもいいでしょう。愛や感謝を込めるなら、生花を贈ってはいかが?

水星or金星が 双子座

フォーマットにプラスワンが効果的

　ストレートに本題から入るより、まずは世間話で場を温めて。雑学を駆使して相手に興味を持ってもらうと、その後の話の通りがスムーズでしょう。1回に渡す情報量を増やすのもおすすめ。例えば名刺なら、連絡先だけでなく趣味などのちょっとしたプロフィールも添えると効果的。

水星or金星が 蟹座

相手に共感するフレーズが効果的

　幼少期のあるあるエピソードや失敗談など、相手の仲間意識を刺激する話をしましょう。特に世代ネタや地元ネタは鉄板。また、言葉だけでなく目を見て相づちを打つなどのテクニックも効果的です。心理学的な手法はいろいろと研究がされているので、調べて取り入れてみて。

水星or金星が 獅子座

ドラマティックなしかけが効果的

　例えば、大事なことを伝える時は特別な場所をセッティングするとよさそう。交渉ごとならシナリオ重視が◎。いきなり要求を切り出すのではなく、経緯や情熱を話すことから始めて。あなたの場合はウソ泣きやオーバーリアクションなど、少し演技が入ってもよさそう。

水星or金星が 乙女座

具体性を持たせると効果的

　例えば未来の話なら「○年後」など、はっきり数字に起こすと相手もイメージしやすいでしょう。複数の例を出すなどして、比較するのも効果的なテクニック。あなたの主観に基づく「〜したい」という表現より、あなたの要求を飲むことで得られるメリットについて話すと◎。

水星or金星が 天秤座

スマートな表現が効果的

　野暮ったくなるくらいなら、わかりやすさは捨ててOK。あなたはもともとコミュニケーション上手なので問題になりません。もう1つのコツは「自分は〜だと思う」といった具合に「自分」を強調することです。そうやって相手の反応を引き出しつつ話を進めると、角が立たないでしょう。

水星or金星が 蠍座

親密アピールが効果的

　例えば「ここだけの話」とか「あなたにだけ」といったフレーズは、あなたにぴったりの殺し文句。ここぞという時に使えば、相手はイチコロでしょう。必ず1対1になれる状況を作るのも、作戦として効果的です。思わせぶりな態度をチラつかせれば、相手は必ず乗ってくるはず。

水星or金星が 射手座

話に緩急をつけると効果的

　どうでもいい雑談で相手を油断させ、一気に本題を畳みかけて。特に大風呂敷を広げる時は、教養をアピールするような演出が効果的です。重要なポイントで外国語のフレーズを用いたり、哲学書からの引用をしたりするなど、身近なものより、スケールの大きな例えを用いるといいでしょう。

水星or金星が 山羊座

結論を先に伝えると効果的

　結論とはあなたが一番言いたいこと。恋愛ならどんな関係を望むのか、ビジネスならどんな利益があるのかを最初に話しましょう。気の利いたことを言う必要はありません。多少荒削りなのがあなたの魅力だからです。あとは、その件を長い視野で見ていることを伝えるのが効果的。

水星or金星が 水瓶座

サプライズ演出が効果的

　プレゼン中にいきなりゲストをLive出演させてみたり、バーコードを読み取るとお祝い動画が見られるバースデーカードを贈ったり。話術的なことでは、未来について話すと興味を持ってもらえそう。横文字を多く盛り込むなど、身近にいるプレゼン上手な人の技も参考にしてみて。

水星or金星が 魚座

映像化して伝えると効果的

　例えば、ただ「楽しみ」と伝えるより「遠足の前の日みたいに」とつけたほうが、映像的イメージとして相手に響きやすいでしょう。具体的すぎるたとえよりは、ファンタジックな言い回しがベター。わかりやすさよりあなたの感性を大切に、想像の翼をはばたかせて言葉を紡いでください。

（自己分析） **22** 苦手意識のある人との
上手な向き合い方って？

怖い人、感覚の合わない人、緊張する人など。
苦手な人とうまくつき合えると、人間関係の幅が
グッと広がるはず。「苦手」の領域である太陽の
90度後ろの星座がヒントに。

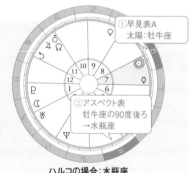

①早見表A
太陽：牡牛座

②アスペクト表
牡牛座の90度後ろ
→水瓶座

ハルコの場合：水瓶座

📖 分析のしかた ‥‥‥‥‥‥‥‥‥‥

① 早見表Aから、太陽の星座を確認。

② アスペクト表から、①の右、もしくは
下から見て90度に該当する最初の
星座をチェック！

**太陽の
星座の90度後ろが** **牡羊座**

ピュアな気持ちで接する

　お互いの立場や大人の事情は少し忘れ、まだ
何者でもなかった頃のあなたで向き合うといいで
しょう。ある程度「放任主義」になることも、ス
トレス回避のコツ。相手の個を尊重し、単独行
動を許してあげてください。大らかな気持ちを持
つようにすると、自分も傷つかずにすみます。

**太陽の
星座の90度後ろが** **双子座**

深く考えすぎないこと

　例えば相手の言動に何か引っかかるものを感
じても、それ以上考えるのはなし。細かいことを
気にしない力、いい意味での「鈍感力」を鍛え
ましょう。軽いノリで接する、たまに相手の競争
心につき合ってあげるのも、関係を腐らせないコ
ツ。その人の知人とも仲よくすると感謝されます。

**太陽の
星座の90度後ろが** **牡牛座**

手土産などで機嫌を取る

　例えば季節の花や地元の名産品は会話のネタ
になりやすく、相手と打ち解けるのに力を貸して
くれそう。つまりはその人と過ごす時間を素敵に
演出する、というイメージ。迷ったら「五感」を
テーマに計画すると間違いありません。声のよさ
をほめるのも、緊張緩和に効果的です。

**太陽の
星座の90度後ろが** **蟹座**

相手への共感性を高める

　価値観が合わないタイプだったとしても、どこ
かしら共感できる点を見つけられると苦手意識
が減りそう。相手の懐に入ってしまうのも手。今
までがウソのように感じ方が変わるかもしれませ
ん。家族の話も関係改善に一役買ってくれそうで、
相手の仲間を尊重する態度は◎。

太陽の
星座の90度後ろが 獅子座

ちやほやしてあげる

　初めは、いっそ接待だと割り切るといいでしょう。「私はあなたに興味があります」という態度で、過去の栄光や活躍を聞いてあげて。そのうち「その話もっと詳しく！」と、あなたの興味をそそるような一面にふれられるかも。相手の機微に気づいてあげると、信頼されるでしょう。

太陽の
星座の90度後ろが 天秤座

美に対する意識を高める

　身だしなみをきちんとしていると、それだけで相手からの印象がグンとよくなります。内面では、対等な目線で接すること。実際の立場がどうであれ、上から目線でものを言ったり、反対に自分を一段低くするような態度はNGです。スマートで現代的な振る舞いが、一目置かれるカギ。

太陽の
星座の90度後ろが 射手座

大らかな気持ちで接する

　相手の判断を信じ、ある程度は自由にさせてあげると嫌な思いをせずにすむでしょう。あなた自身も小さなことでカリカリしないよう、大らかに構えてください。相手の博学っぷりをほめる、大げさな話も否定せず聞いてあげると信頼を得られます。基本的に、聞き役に回ると楽かも。

太陽の
星座の90度後ろが 水瓶座

自由な考え方を尊重する

　特に相手があなたの思い通りにならない時は、潔く諦めたほうがストレスになりません。「そういう考え方もありか」と心の中で唱えてみて。視野の広さをほめる、最新技術を介して接するのも効果的。または関係に変化を持ち込むのもよく、例えば会う時にいつも違う人を連れて行く、など。

太陽の
星座の90度後ろが 乙女座

感謝の言葉をかける

　「いつもありがとう」の気持ちを忘れず、小さなことでもお礼を伝えて。特に相手がいい仕事をした時や、何か気配りをしてくれた時。そういうタイミングでほめてあげると、いっそう喜ばれるはずです。頭のよさをほめるのも◎。あなたの株が上がり、関係良好につながります。

太陽の
星座の90度後ろが 蠍座

気持ちを深く理解しようとする

　苦手意識があるのは、その人の表面だけを見ているせいかも。それで「何もわかっていない」と思われ、嫌な対応をされている可能性があります。相手を信頼し、もう一歩踏み込む余地がありそうです。あなたも胸襟を開いて秘密を共有したり、どこまでもつき合う覚悟を見せて。

太陽の
星座の90度後ろが 山羊座

個でなく組織の視点を持つ

　例えば何かカチンとくることを言われた時、組織の視点からすれば言い返すのは必ずしもベストな対応ではないかもしれません。特に相手が先輩なら、悔しくても年功序列を守るのがお互いのため。常に結果のことを考えながら話すと、冷静でいられそう。時間厳守の姿勢も好印象。

太陽の
星座の90度後ろが 魚座

見えない世界への理解を示す

　例えば何か納得のいかない目に遭わされた時。スピリチュアルな視点で見てみると、いつもとは違った結論が出せるでしょう。自己犠牲精神を尊重する、理屈よりもイメージを大切にしたコミュニケーションを心がけるのも有効。映画やアニメの話題も、いい潤滑剤になってくれそうです。

自己分析 23 私が初対面の人と距離を縮めるコツって?

初対面の人とうまく関係を築けると、対人関係は充実したものになるはず。一歩踏み込んだ関係を表す8ハウスの星座の支配星。その惑星のハウスがコツを教えてくれるでしょう。

分析のしかた

① 早見表Bから、8ハウスの星座を確認。
② 支配星一覧から、①の支配星を確認する。
③ 早見表Aから、②のハウスをチェック!

②支配星一覧
牡牛座→金星

①早見表B
8ハウス牡牛座

③早見表A
金星:9ハウス

ハルコの場合:9ハウス

8ハウス星座の支配星が 1 ハウス

ストレートに相手の懐へ飛び込む

とにかく素直さを大事に、目的がある場合は、はっきりと伝えましょう。例えば何が食べたいかと聞かれたら、「何でもいい」「あなたの好きなもので」といった答えはNG。本当に食べたいものを言うのがベストです。手土産を持っていくなど、小さなサプライズも効果的。

8ハウス星座の支配星が 2 ハウス

何かを一緒に食べる

可能であれば、一緒に何かを食べると一気に距離が縮まるでしょう。ビジネスの場では、お金の話を先にすること。また、これも事前に用意できるなら手土産を持っていくとよさそうです。中身はやはり、フード系がおすすめ。手土産の話で場を温めると、親密な空気を作れます。

8ハウス星座の支配星が 3 ハウス

新鮮な話題を提供する

その話がフレッシュであればあるほど、相手は食いついてくるでしょう。相手にマイクを持たせっぱなしにせず、あなたからも話題提供することが大切。事前にSNSでフォローしておくと、興味のある話題を探りやすいはず。連絡先の交換は親密な仲への第一歩。ぜひ、勇気を出して。

8ハウス星座の支配星が 4 ハウス

ホームに招くor誘導する

縄張りの外だと落ち着かないタイプ。初対面の人と会うのなら、自分の住んでいる地域やよく遊びに行く街、慣れた場所など、ホームに誘導して。会話では仲間意識や親密さをアピールしましょう。カウンターのような、隣り合って座れるお店とは好相性。相手の話によく頷き、共感を示して。

8ハウス星座の支配星が　5　ハウス

台本を作っておく

　最初にどんなことを話すか、いつ手土産を渡すか、など。そういう台本を事前に練っておき、本番ではその通りに動くといいでしょう。相手を喜ばせることを第一に考えるとうまくいくはずです。気の利いた演出を施すのも大事で、相手が恋愛対象なら花をプレゼントするのがおすすめ。

8ハウス星座の支配星が　6　ハウス

徹底して謙虚な姿勢で接する

　「相手をちょっとでも立ててあげよう」という気持ちがあるとよさそう。純粋にあなたの好感度が上がります。空調に問題はないか、のどは渇いていないかなど、細やかな気遣いも喜ばれるでしょう。雑談ネタは、ダイエットなど健康に関する話、あるいはペットの話が吉。

8ハウス星座の支配星が　7　ハウス

まずは相手の出方を待つ

　自分から無理に距離を詰めようとするのは逆効果。押してもダメなら引いてみる精神でいましょう。実際の立場に関わらず、「私たちは対等」というスタンスを示すことも大切です。そうすれば歪な関係を深めずにすむはず。相手が恋愛対象であれば、何か一緒にできることを見つけて。

8ハウス星座の支配星が　8　ハウス

共通の秘密を作り出す

　「ここだけの話〜」と何かの打ち明け話をしたり、「実は○○が好きなんだ」と愛好している作品や趣味について教え合ったり。2人きりの密室で会うのも効果的でしょう。とはいえ、相手と距離を詰めるのは、もともとあなたの得意分野。無理に特別なことをしなくても大丈夫かも。

8ハウス星座の支配星が　9　ハウス

旅や学問の話を振る

　例えば心に残った旅の思い出や、これから行ってみたい国の話。学生時代に専攻していた科目の話など。相手の話を興味を示しつつ、自身のエピソードも話して。あなたの語りには不思議な旅情があり、それが相手の心に刺さるはず。外国料理の店で会うのもいいでしょう。

8ハウス星座の支配星が　10　ハウス

相手に花を持たせる

　相手に「昔取った杵柄」があるなら、そのことをほめて。何らかの功績がある人なら、掘り下げて聞いてあげましょう。ヒーローインタビューの気分で行うと、うまくいくはずです。また、最初に上下関係をはっきりさせておいたほうが楽かも。向こうの肩書や立場を聞いてみて。

8ハウス星座の支配星が　11　ハウス

フレンドリーに対応する

　友達のように親しみを込めて接すると、相手も心を開いてくれやすそう。もちろん最低限のマナーは必要ですが、その塩梅もあなたにはわかるはず。自分は味方だとアピールすることが重要なので、一緒のサークルに誘ってあげるとか、未来に共通の目的を作るようなアクションも◎。

8ハウス星座の支配星が　12　ハウス

非日常空間で話す

　相手が恋愛対象ならテーマパーク、ビジネス関係なら接待で使うようなお店など。可能なら、会う前にSNSで親交を深めておくといいでしょう。好きなものの話をする時のあなたは魅力的なので、映画やアニメなど個人的な趣味の話題を振るのもあり。相手を占ってあげるのも一興。

自己分析 24 私の公私での ギャップって？

職場とプライベートで変わらない人もいれば、まったく別の顔を持つことも。公（太陽）と私（月）のギャップは、そのアスペクトから分析。対人関係の力配分も見えてきます。

分析のしかた

① 早見表Aから、太陽の星座を確認。
② 早見表Aから、月の星座を調べる。
③ アスペクト表から、①と②の角度をチェック！

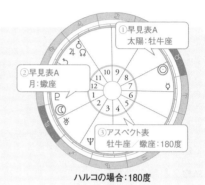

① 早見表A
太陽：牡牛座

② 早見表A
月：蠍座

③ アスペクト表
牡牛座／蠍座：180度

ハルコの場合：180度

太陽と月の角度が

0度

公私の"公"を優先

プライベートよりも、仕事や社会活動に重きを置きたいタイプです。オフィシャルな側面を「楽しい」と感じる傾向が強く、そこでの自分のプロデュースを大事にするでしょう。そのため、例えば休日も実績を作るために仕事や勉強に励んだり、遊びもキャリアにつながるかどうかで判断したり、完全に「オフ」になることがありません。周囲からは、私生活を犠牲にしているように映るかも。恋や趣味も、公の自分を高めてくれるかどうかで選ぶ傾向があります。

太陽と月の角度が

60度

公私で同じ性質を持つ

仕事もプライベートも全力で楽しみ、人生をフルに味わおうとするタイプです。どちらかに偏ることはあまりないタイプ。また、公私の連動性が高いのも特徴的。プライベートが充実すれば仕事も好調になり、仕事がつまずけば私生活も荒れるようなイメージ。どちらも主戦場と考えているため、知らず知らずのうちに気を張り続けているでしょう。公私に費やすパワーバランスを5：5と考えるのではなく、そこに1〜2でいいので、無になって休む時間を作ることを心がけて。

太陽と月の角度が

90度

公私でやや違う性質に……

　つい、仕事かプライベート、どちらかに肩入れしすぎることがあります。夢中になってしまった結果、バランス感覚を失ってしまいがちタイプなのです。ただ、例えば、仕事に肩入れして成果を出しても、それにより犠牲にしてきた家庭や恋人との関係の影響で、結局仕事がうまくいかなくなるような、ちぐはぐ感があります。歯車を合わせるためには、どちらもバランスよく、大事にする必要がありそう。どちらかが好調な時ほど、もう片方にきめ細やかな配慮をすると◎。

太陽と月の角度が

180度

公私の線引きに厳しい

　定時まではキャリア優先、その後はプライベート優先と、公私をきっちりと分けたいタイプです。その線引きにも厳しく、ラインを無視する人に嫌悪感を抱きます。例えば、休日に仕事の連絡が来たり、仕事中に恋人からお願いごとをされたりすると、「今はその時間じゃない！」という憤りを覚えるはず。徹底的にメリハリをつけたいタイプなのです。仕事中は真剣な表情を崩さないのに、飲み会になったら誰よりもおちゃらけている。そんな姿に周りが驚くことも。

太陽と月の角度が

120度

公私のバランスが非常に良好

　仕事でもプライベートでも、あまり変わらないタイプ。公私の両輪で、どんどん加速していくタイプ。私生活の充実が、仕事に好影響を与えるのはもちろん、プライベートで嫌なことがあったのなら、その鬱憤を仕事へのエネルギーにかえて成果を出せるでしょう。その逆も然りです。公の自分がプライベートの自分でもあり、例えば実名でSNSをやっていて、そのアカウントで仕事のやり取りをすることも苦ではなく、効率よく公私に還元できる、精神的な器用さも。

太陽と月の角度が

30度　150度

公私でまったく違う性質

　仕事とプライベートで、まったく別の顔を持ちます。職場の人や取引先の人が抱くあなたの印象と、友人や恋人が抱く印象ではまったく違うものになっているかもしれません。サバサバ系のキャリアウーマンだけど、家では何もしない甘えん坊のように、別人格になることも。そのギャップが魅力と感じる人もいれば、裏表のある人と評価する人も。そのため、万人ウケはしないものの、一部から熱狂的に愛される傾向。また、公私のどちらかに極端に偏りやすい性質でもあります。

25 # 私の人生のキーパーソンとなる人って？

何かを「結ぶ」存在を教えるドラゴンヘッド。その星座から、あなたの人生に大きな影響を与えるキーパーソンが見えてきます。こんな人との出会いが、転換点になるかも！

①早見表A
ドラゴンヘッド：獅子座

▶ 分析のしかた

① 早見表Aから、ドラゴンヘッドの星座をチェック！

ハルコの場合：獅子座

ドラゴンヘッドが 牡羊座

アスリートorトップの人

　例えば、かなり仕事熱心で、成績やポジションでトップに立っている人。そういう人の生き様に、あなたが人生で「一等賞」を取るためのヒントが。有名なスポーツ選手や実業家の自伝を読んでみて。また、「自由人」と聞いて思いつく人は、あなたの力を引き出すよきライバルとなります。

ドラゴンヘッドが 双子座

教師or言葉を扱う人

　例えば『昆虫記』で有名なファーブル。彼のような何かを教える人の言葉には、人生におもしろいことを増やすカギが。作家、詩人、歌人など言葉を扱う人も◎。その人たちのフィルター越しに見ると、人生や、この世界というものに対する「注目のしかた」がガラリと変わるはずです。

ドラゴンヘッドが 牡牛座

有名な料理人

　その人の言葉の中に、「人生の味わい方」を変えるきっかけが。特にパティシエは要注目。もし「憧れのスイーツ」があれば、その歴史や作者について調べるといいことがありそうです。また持ち物のセンスがいい人は、今まで見落としていた「美しいもの」の存在に気づかせてくれる予感。

ドラゴンヘッドが 蟹座

地域で活躍する人

　例えば、地方公務員。またはある地域の活性化に関わる活動をしている人、地元を愛している人など。その人は「どこで生きるか」「どのように生きるか」ということについて、目の覚めるような気づきを与えてくれそう。移住案内の動画や、地域に特化した雑誌などで出会うことも。

ドラゴンヘッドが 獅子座

アーティスト

　好きな芸術作品や歌があれば、その作者について調べてみて。その人の作品にかけた思いから、「人生を主体的に生きること」の光と影が学べるはず。また、保育士のような子どもに関わる人もキーパーソンです。子どもからその人を通して、ハッとするようなメッセージが来るかも。

ドラゴンヘッドが 天秤座

司法関係者or相棒

　有名な裁判官や弁護士の関わった裁判や、判決に込めた思いについて知ると、あなたの善悪の価値観がアップデートされそう。例えば今まで「許せないもの」ばかりの人生を歩んできたという人は、景色が変わり始めるかも。相棒と聞いてあなたが思い浮かべる人も、退屈な人生を変える存在。

ドラゴンヘッドが 射手座

学者or宗教家

　特にマザー・テレサのような歴史上の宗教家から「自分の信じることを人生にどう活かすか」が学べるでしょう。その学びから、既存の価値観を飛び越えていくような人生が始められるかも。また、お気に入りの哲学者を見つけておくのも◎。日々の出来事に対する、解釈の幅が広がるはず。

ドラゴンヘッドが 水瓶座

革命家

　例えば、坂本龍馬やガンジー。彼らの考え方にふれると、何か「結果を気にせずやってみよう」とか「絶望するにはまだ早いな」という気になるかも。人生になかった、新たな選択肢を増やすでしょう。そうして生きる世界はケタ違いに自由度が高く、攻略しがいがあるはずです。

ドラゴンヘッドが 乙女座

医療従事者

　もしくはリラクゼーションに関わる人です。医療、癒やし手と呼ばれる人々が、サポーターになってくれます。行きつけのマッサージや整体があると◎。身体が整えば、人生の流れも変化します。ナイチンゲールのような歴史上の医療従事者の言葉には、生き方を見直させる一節がありそう。

ドラゴンヘッドが 蠍座

銀行員or研究者

　あなたとお金の関係性をガラリと変えるきっかけを与えてくれそう。金融業界をテーマにした作品にふれるのはもちろん、金融業界の有名人の本やセミナーも好影響。また、何かマニアックな分野の研究者もキーパーソン。あなたとはまるで接点のない話に、人生の重要なヒントがあるかも。

ドラゴンヘッドが 山羊座

政治家or経営者

　あなたが尊敬できる"仕事"をしている人。その人の哲学を知ると、「人生という大きなものに対する構え方」が変わりそう。例えば、今までがむしゃらに頑張るとか、ひたすら耐えるといったやり方を信じてきた人は、別の登山道もあることに気づくかも。建築家の言葉にもハッとするものが。

ドラゴンヘッドが 魚座

占い師or幼少期に読んだ本の作家

　幼い頃に親しんだ作品があれば、その作者について調べてみると「今のあなたへのヒント」があるかもしれません。占い師は、人生を変える目からウロコの助言をくれそう。例えば短所だと思っていたものが実は長所だったり、自分でも気づかずにいた本当の「夢」に気づいたりする予感。

自己分析 # 26 私の基本的な 恋愛傾向って?

束縛したい、自由でいたいなど、恋に対するスタンスは十人十色。このテーマは、恋愛の「場」である、5ハウスの星座から見えてきます。あなたの求める恋の形とは?

▶ 分析のしかた

① 早見表Bから、5ハウスの星座をチェック!

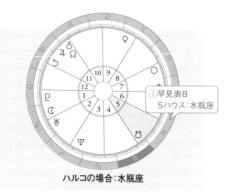

①早見表B
5ハウス:水瓶座

ハルコの場合:水瓶座

5ハウスが 牡羊座

決断の早い恋愛

気になる人にはすぐに思いを伝えたり、違うと思えばあっさり離れたり。恋愛においては、その時の気持ちに、とても素直に従うタイプです。葛藤に時間を割かないため、展開が早い恋が多いでしょう。一目惚れやケンカ別れといった急展開も多く、電撃的に結婚まで進むことも。

5ハウスが 双子座

友人関係のような恋愛

恋人兼親友という存在を求めます。甘い言葉よりも、楽しい会話やノリを優先しがち。連絡はマメに取りたいタイプで、返事が遅い人や無口な人は対象外。無駄話こそ最高の愛情表現と思っていて、重い恋より、ラフな関係を求めるでしょう。1人の人にのめり込みきれない部分も。

5ハウスが 牡牛座

堅実な恋愛

好きという気持ちオンリーではなかなか動きません。そもそも、信頼関係の上に愛情が芽生えるタイプです。一緒にいて安心できる人、将来に不安がない人、きちんとエスコートしてくれる人を求めます。風変わりな人や不安定な人は敬遠気味。最終的には"肌感覚"が決め手になることも。

5ハウスが 蟹座

穏やかな恋愛

恋愛において重要なことは、心のつながりを感じられるか。高価なプレゼントや派手な演出より、温かい言葉や寄り添う時間がうれしいタイプ。日常の何気ないシーンに、本当の幸せを見つける人です。家庭的で相手に尽くし、家族ぐるみのつき合いを望む傾向。過去の恋愛を気にすることも。

5ハウスが 獅子座

華やかな恋愛

　ドラマティックな展開や派手な演出に憧れが強いタイプ。自分を世界一愛してくれる人と出会いたいでしょう。また、相手からだけではなく、周囲からも祝福されたり、憧れのカップルになったりしたい性格。惚れやすく、モテやすい、恋多き人生になりやすい星回りでもあります。

5ハウスが 天秤座

等身大の恋愛

　同じくらいの収入、容姿、知的レベルなど、精神的にも生活的にも上下関係を感じない恋愛が心地いいでしょう。その中でも、おしゃれな人や社交的な人に惹かれる傾向があります。ただし、葛藤しやすい性質で、２人の人の間で悩んだり、恋と結婚の狭間で揺れたりしやすいかも。

5ハウスが 射手座

追いかける恋愛

　「自分が相手を好き」ということが、恋の前提条件。追われたり束縛されたりするのは苦手で、主体的に恋愛をしたいタイプです。言い寄られると、逆に冷めてしまう……なんてことも。理想が高い傾向もあり、高嶺の花や初恋の人の影をいつまでも追っていることもあるでしょう。

5ハウスが 水瓶座

自由な恋愛

　恋のフォーマット通りに進まない、ちょっと変わった展開になりがち。すでに子どもがいる人、家族との縁が薄い人、国籍が違う人、年齢や居住地が離れすぎている人……など。年に一度しか会わない、結婚はしないなど、その関係性も自由。それでいて、面食いな傾向もある人です。

5ハウスが 乙女座

ツンデレな恋愛

　相手に誠実さを求め、礼儀や作法にも厳しいところが。一見、クールな雰囲気を出しますが、実は“愛され願望”が強めなツンデレ気質。頭のいい人や清潔感のある人が好みで、一緒に教養を高め合う関係がベスト。神経質な一面もあり、合わない部分は、延々と合わせられないかも。

5ハウスが 蠍座

独占的な恋愛

　恋愛においては、純粋かつ重い性質。ひとたび好きになれば、とことん尽くします。愛が強いゆえの、独占欲や嫉妬心が特徴。過度な束縛がトラブルのもとになったり、自分自身を苦しめたり。周囲には言えない、秘密の関係を持ちやすい傾向もあり、ドロドロの恋愛を経験するかも。

5ハウスが 山羊座

慎重な恋愛

　恋に少し臆病で、用心深い性格。初対面や素性のわからない人とは発展しづらく、友人や同僚からの紹介などがきっかけになりそう。時間をかけて、じっくり関係を築きたいタイプですが、曖昧な関係はNG。正しい順序で、結婚を前提に交際をしたい、というのが本心なのです。

5ハウスが 魚座

ロマンティックな恋愛

　身も心もどっぷりと相手に浸ってしまう性質。そもそも、恋愛そのものに心酔する傾向があり、ロマンティストであり、ムードを大事にします。恋においてはさびしがり屋で、重いと思われることも。相手主導になったり、相手任せになったり、依存的な恋愛をすることも多いでしょう。

自己分析 27 私の基本的な結婚観って？

自分にとって結婚とは何を意味するのか、何を求めているのか。それを知れば、納得のいくライフプランが見えてくるはず。結婚を象徴する星である金星の星座がヒントに！

📢 分析のしかた

① 早見表Aから、金星の星座をチェック！

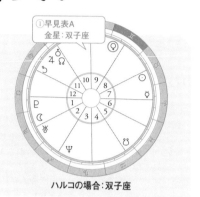

①早見表A
金星：双子座

ハルコの場合：双子座

金星が 牡羊座

第2の人生の始まり

結婚とは、新たなスタートだと考えるタイプ。つまり、人生の第一章のゴール。結婚によって、人生がガラッと変わることを求めます。自分が主張する人生から、相手の主張を受け入れる自覚が持てた時、結婚に前向きに。初めての共同生活を結婚と考えるため、同棲も結婚と同じ感覚かも。

金星が 牡牛座

人生を安定させる手段

結婚とは、生活を助け合う仲間という感覚に近いかもしれません。憧れよりも、共通の価値観や経済感覚を持っている人を求めます。何かあっても、お金や食事を分け合える存在。その安心感があると、仕事も日常生活も楽しく過ごせるのです。将来性のない人や不安定な生活は避けたいはず。

金星が 双子座

話し相手の確保

結婚とは、今日思ったことや些細なことまで報告し合う、兄弟や親友のようなパートナーを得ることだと考えます。独り暮らしの人ほど、結婚を思い描くかも。ただし、重い愛や複雑な問題からは目を逸らしがち。「添い遂げる」より、「今、楽しいから一緒にいたい」という感覚でしょう。

金星が 蟹座

家庭を作る第一歩

結婚とは、家庭を築くためのものだと考えるでしょう。子どもを授かり育てることや、親や親せきとの関係を作ること、家を建てることが人生の目的になる傾向。家庭を第一に考え、相手にもそれを求めます。「私が」ではなく「私たちが」という、視点で物事を見ようとするでしょう。

金星が 獅子座

ヒロインに抜てき！

結婚とは、ついにパートナーにとって自分が唯一無二の存在、ヒロイン＝主役として認められるという感覚。皆の祝福を受けて、憧れられる夫婦になりたいと思うでしょう。華やかな結婚式を挙げたり、夫婦の写真をSNSに投稿したり。結婚によって、より存在感を高めようとします。

金星が 乙女座

愛犬の世話のよう

結婚とは、相手に尽くすこと。とにかくお世話をしてあげたいタイプで、それを受け入れてくれる人を求めます。「パートナーがどれだけ喜んでくれたか」が、結婚生活の充実感を左右します。礼節にはシビアで、親へのあいさつなどがきちんとできるように相手を"しつけ"することも。

金星が 天秤座

2人の大人で成立

結婚とは、二人三脚で歩める相手と一緒になること。とはいえ、べったりくっついているのではなく、適度な距離感を保てる「大人な関係」を求めるでしょう。上下関係や依存関係を嫌い、精神的に対等でいられる人と結婚したいはず。「話し合い」で解決できる間柄かどうか、です。

金星が 蠍座

愛の証明

結婚とは、パートナーのすべてを受け入れ、お墓までずっと一緒にいること。まさに運命共同体という感覚で、それほど深く愛せる人であれば、どんな人や状況だろうと結婚しようとするでしょう。「自分のもの」という証が欲しいのです。セックスレスや不倫を恐れ、束縛しがちな傾向も。

金星が 射手座

人生を豊かにするプロジェクト

結婚とは、一緒に未知のことに挑戦する仲間を得ること。共に高みを目指すパートナーを求めます。共同事業を始めたり、コンビで趣味の作品を発表したり。何かに2人で挑戦したりすると、結婚を意識するかも。宗教観や人生観など、心の一番深い部分を開示できるかも重要です。

金星が 山羊座

ライフプランの一環

結婚とは、老後の生き方を決めることと考えるかも。一緒に貯蓄ができるか、自分のキャリアに好影響かなど、メリットが感じられるほど結婚を意識する現実的な一面も。慎重派で、稼ぎが少ない人や、お金遣いが荒い人との結婚には、いつまでたっても踏み切れないはず。

金星が 水瓶座

選択肢の1つ

そもそも結婚の形にこだわる必要がないと思っているタイプ。お互いが愛していれば籍は入れる必要がないとか、別姓でいいとか。相手が望むなら受け入れますが、周囲の要望や世間の目は気にしないでしょう。週末婚や別居婚といった、多様なスタイルに寛容です。

金星が 魚座

パートナーの保護

結婚とは、愛する人の身も心も守ってあげること。自分を犠牲にしてでも、パートナーを第一に考えるタイプです。もう少しロマンティックに言えば、「お金や地位より、愛」ということ。実生活が不安定でも、愛さえあれば心は安定するでしょう。愛を言葉にする夫婦でありたいのでは？

28　私の理想の相手って？

お互いがお互いの幸せになるような、ベストな相性の人ってどんな人でしょう。生涯、1対1で向き合う相手を教えてくれるのが、結婚のハウスとも言われる7ハウスの星座です。

🖝 分析のしかた ....

① 早見表Bから、7ハウスの星座をチェック！

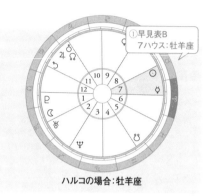

①早見表B
7ハウス：牡羊座

ハルコの場合：牡羊座

7ハウスが 牡羊座

ぐいぐい引っ張る野性味あふれる人

常に新しい目標に挑戦しているタイプで、とにかくエネルギッシュ。どこかあなたと共通点があり、「この人について行きたい」と思わせるリーダーシップの持ち主でしょう。考えるより先に身体が動く“野生児”な性質で、時折びっくりするほどピュアな発言が飛び出すのも魅力の人。

7ハウスが 双子座

子どものように話が尽きない人

頭の回転が速く、何を話しても打てば響くような聡明さの持ち主。興味の方向性が合っていて、話が白熱してくると子どものように目がキラキラ。また、兄弟のようにヘルシーな関係を築けるところも魅力。旅行が好きで、あなたといろいろなところへ出かけたがる人です。

7ハウスが 牡牛座

贈り物の天才で「手」がキレイな人

プレゼントを欠かすことがなく、物を使って喜ばせるのが上手。でも、お金遣いが荒いというわけではありません。ちょっとした時にちょっとした物を贈るセンスが光る人なのです。また、相手の「手」に惹かれそう。例えば美しい指の持ち主で、無性に手をつなぎたくなるかも。

7ハウスが 蟹座

家庭的で地元を大事にしている人

例えばハンドメイドや料理、DIYが得意。あなたも一緒になって楽しめる趣味の持ち主でしょう。地元を愛していて、地域の穴場スポットやお気に入りのお店を紹介するのも好き。実家にあなたを招き、家族ぐるみであなたを大切にしてくれるような人が理想です。

7ハウスが 獅子座

一緒に"遊び"を楽しめる人

「人生楽しまなければ損」というタイプで、何をするにもその場にいる誰よりも楽しそうな人。遊びに精通していますが、下品な遊び人ではありません。特に芸術方面の趣味がよく、あなたと一緒に美術館デートに行きたがるような人。結婚しても、ずっと恋人気分でつき合えるタイプです。

7ハウスが 天秤座

対等に扱ってくれて紳士的な人

性別や立場に関係なく紳士的な性格。上からでも下からでもなく、いつもあなたと同じ目線で対等に向き合ってくれる人が理想。精神的には相棒や相方といったイメージ。貸し借りなしの関係を好み、プレゼントへのお返しが徹底していることと、約束を決して破らないことも重要。

7ハウスが 射手座

人生の教師となってくれる人

酸いも甘いも熟知した、人生経験豊かなタイプ。哲学的思考を持っていて、その深い知恵であなたを導いてくれるような人です。何かの宗教を信仰している人、外国の人もいいパートナーになってくれそう。お互いの生活習慣や行動理念の違いをリスペクトしながら生きていくのが理想的。

7ハウスが 水瓶座

恋人というより友達のような人

例えば、「結婚以外のゴールがあってもいいよね」という、自由な価値観の持ち主。いつまでも友達感覚でつき合える人です。自由すぎて他のことに夢中な時もあるかもしれませんが、あなたが同じことをしてもまったく怒りません。束縛とは無縁の、気楽な関係性を築ける相手です。

7ハウスが 乙女座

しっかりしているけど放っておけない人

何かと世話を焼いてあげたくなるタイプ。でも決してだらしないわけではなく、むしろしっかり者。相手のほうもあなたの世話を焼きたがるので、「尽くし尽くされる」関係を築けるでしょう。ほめ上手で、感謝も称賛も惜しみません。でも、愛を囁くのは恥ずかしがるかもしれません。

7ハウスが 蠍座

運命を共にする覚悟がある人

「病める時も健やかなる時も」あなたのそばにいてくれて、最後まで見捨てたりしない人。愛情が深く、誰かに目移りすることも決してない、あなたにベタ惚れしている人。また、伝統と歴史のある家系出身で「○代目」の看板を背負っていることも。一緒になれば、あなたも一族の重要人物に。

7ハウスが 山羊座

見た目も肩書もしっかりした人

皆から尊敬される職業や学歴の持ち主。いわゆる「名家」の出身かもしれません。自分さえよければOKという考え方をせず、ボランティアなどの社会貢献活動に協力的。そういう性格もリスペクトできる相手です。スーツなどのカチッとした服装が似合うところも、あなた好みかも。

7ハウスが 魚座

非現実の相手or儚げな雰囲気の人

例えば芸能人や二次元のキャラクターなど。あなたは、実際に結ばれることにはあまり興味がないのかも。現実的な相手なら「私が救ってあげなければ」と思うタイプに魅力を感じそう。儚げな雰囲気の人や、実際に心や身体が繊細な人です。そんな相手なら思う存分愛を注げるでしょう。

自己分析 29 私の理想の相手がいる場所って？

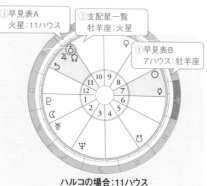

③早見表A
火星：11ハウス

②支配星一覧
牡羊座：火星

①早見表B
7ハウス：牡羊座

あなたの理想の人がいる＝出会いの場所も、ホロスコープから推察できます。それは、理想の人を示す7ハウスの星座の支配星が位置する場所、つまりハウスに注目してみましょう。

📖 分析のしかた

① 早見表Bから、7ハウスの星座を確認。
② 支配星一覧から、①の支配星を調べる。
③ 早見表Aから、②のハウスをチェック！

ハルコの場合：11ハウス

7ハウス星座の支配星が [1] ハウス

予想だにしていない場所

あなたの場合、特定の場所というのはありません。「運命的に出会う」から。例えば旅先で現地の人と恋に落ちたり、まったく意識していなかった人から突然告白されたり。どこで始まるか予測不能です。だから無理に探しに行こうとしないで。運命の人はすでにあなたの近くにいるかも。

7ハウス星座の支配星が [3] ハウス

コミュニケーションが生まれる場所

少し「勉強要素」が入っているところ。例えば英会話などの語学系スクールなど。もちろん趣味の勉強会やセミナー、社会人講座なども可能性あり。また、遠方よりは近場にツキがあるのも特徴です。近所の人や兄弟が、あなたの気に入りそうな人物を知っているかも?

7ハウス星座の支配星が [2] ハウス

勉強会や資格取得のための場所

何かの勉強会や、職業訓練所など。ちょっと変化球のパターンだと、書店の資格に関する書籍コーナーの担当者だった、なんてこともありそう。とにかく豊かさや、「増やす」ことに関係する場所です。肉体は財産の1つで、筋肉は増えるものということから、スポーツジムなどもあり。

7ハウス星座の支配星が [4] ハウス

自分のルーツに関係する場所

例えば、あなたの地元。都会より「田舎」に縁があるので、もともと都会生まれの人は両親もしくは先祖の故郷を探してみて。その地域とゆかりのある人は探りを入れてみる価値あり。出身地が近い人との縁も。いわゆる街コンもおすすめです。幼なじみや両親から紹介される可能性も大。

7ハウス星座の支配星が 5 ハウス

娯楽に関する場所

　特に「子ども」がいる場所。テーマパークや公園で「この人は！」と思う相手が見つかるかも。クラブなどの大人向け娯楽施設、またはスポーツができる場所も。打ちっぱなしで声をかけられたり、ジムのインストラクターと恋に落ちたりと、ドラマティックな関係が始まりそう。

7ハウス星座の支配星が 6 ハウス

癒やしに関する場所or職場

　例えば病院やリラクゼーション施設での出会い。仕事に関する場所の可能性も高いです。職場はもちろん、取引先や同僚との食事会、研修先など。また、牧場やペットショップにもいい人がいそう。動物を介して生まれた交流から、恋が生まれやすいタイプでもあります。

7ハウス星座の支配星が 7 ハウス

華やかな場所

　あなたの場合、自分から探す必要はあまりなさそう。何もしなくても相手から見つけてくれます。強いて言えば、誰かの結婚式や記念パーティー、職場の打ち上げなど、華やかな場所で声をかけられやすいでしょう。ただし、運命の人は得てして、最初はあまりピンと来ない相手のようです。

7ハウス星座の支配星が 8 ハウス

公的な施設orニッチな集まり

　お役所や職業案内所、結婚相談所など。狩猟から体験するジビエツアーや、百物語会などの「ディープな集まり」も狙い目です。そう、あなたは少し影のある世界に縁があるよう。バーやクラブ、離婚経験者限定の合コンはおすすめの相手探しスポットです。会員制だとなおいいでしょう。

7ハウス星座の支配星が 9 ハウス

学問もしくは宗教に関わる場所

　どこかの大学のオープンカレッジや公開講座、神社仏閣で行われるイベントなど。まずは教会で行われるコンサートやフリーマーケット、寺コンなどのライトな催しから参加してみましょう。もちろん、本格的な場でも出会いあり。ミサや滝行、座禅体験などをする中でご縁が生まれることも。

7ハウス星座の支配星が 10 ハウス

仕事に関わる場所

　今の職場はもちろん、取引先やキャリアアップのためのセミナー、異業種交流会など。上司や同僚からいい人を紹介されるパターンも。特に女性上司には、相手募集中の旨を伝えておきましょう。政界や社交界にも縁があり、業界人の多い町や一等地で開かれるイベントには要注目。

7ハウス星座の支配星が 11 ハウス

有志が集う場所

　例としては何かのボランティア活動やNPO主宰のイベントなど。さらに踏み込むなら、革新的な要素が入っているとなお◎。例えばクラウドファンディングの支援者向け交流会などは、かなり狙い目でしょう。「非営利」がキーワードなので、同人活動の場やフリーマーケットにもご縁が。

7ハウス星座の支配星が 12 ハウス

ネットやSNS上

　定番はSNSやネットサロンですが、おすすめはより閉ざされた集まり。招待制のコミュニティや一般人には縁のないVR空間で、好みの人と出会いそうです。また、「非現実」を扱うという意味では占い講座や神秘体験のセミナー、そういったグッズを売る専門店にも注目してみて。

（自己分析）**30** 私がパートナーに
求めることって？

あなたの本当の望みを伝えることが、良好な
関係の第一歩かも。その望みも、パートナーを
意味する7ハウスの星座の支配星のハウスから探
ることができます。

③早見表A
火星：11ハウス

②支配星一覧
牡羊座：火星

①早見表B
7ハウス：牡羊座

📖 分析のしかた

① 早見表Bから、7ハウスの星座を確認。
② 支配星一覧から、①の支配星を確認する。
③ 早見表Aから、②のハウスをチェック！

ハルコの場合：11ハウス

7ハウス星座の 支配星が **1** ハウス

似た者同士であること

　食の趣味や生活サイクル、休日の過ごし方など、
「満足できるポイント」が近いことを求めます。
要は、自分の価値観に合わせてほしいタイプ。
相手に合わせてもらうには、まず、自分のことを
知ってもらうことが第一です。また、はつらつと
していて健康的であることも求めます。

7ハウス星座の 支配星が **2** ハウス

余裕があること

　心やお金に余裕があることを求めます。特に、
物質的な豊かさが、心の安定につながるため、
物や体験をプレゼントされたいタイプ。例えば、
記念日にはちょっといいレストランに連れて行っ
てくれるとか、一緒にブランドショップを回るとか。
時には、紳士的にエスコートされたいのです。

7ハウス星座の 支配星が **3** ハウス

楽しく競い合うこと

　メリハリのある楽しい時間を求めます。単調な
話、同じデートコースなどでマンネリ化すると、
心が移ってしまうかも。どちらがおもしろい話を
するか、どちらが素敵なプレゼントを用意できる
かなど、日常の些細なことでも楽しく競い合うよ
うな関係が理想。楽しむ「工夫」を求めます。

7ハウス星座の 支配星が **4** ハウス

安心させてくれること

　気持ちを揺さぶらない、波風を立てないことを
求めます。欲を言えば、癒やしてほしいと思って
いるでしょう。怒鳴らない、浮気をしない、ウソ
をつかないなど、穏やかであることを願うタイプ。
徹底的に衝突要因を排除しようとして、少しの
不機嫌も許せない、なんてことも。

7ハウス星座の支配星が **5** ハウス

ワクワクさせること

記念日や誕生日といった"定番"はもちろんですが、何でもない日にもたまにサプライズの演出や贈り物がある。そんな「おもてなし」を求めるタイプです。もちろん、常にというわけではありません。日々が単調になりすぎるとストレス。自分のワクワクのツボを知ってもらうのが重要。

7ハウス星座の支配星が **7** ハウス

社交的であること

あまり裏表がなく、様々なタイプの人と気さくにコミュケーションを取れる人を求めます。友人や同僚にも紹介してもらいたいはず。そこから生まれる交流が、2人にもいい刺激になると思っているからです。また、何かに偏ってほしくないという思いも。客観的な視野を持ってほしいのです。

7ハウス星座の支配星が **9** ハウス

倫理観、人生観を持っていること

道徳的な人を求め、薄情な態度や人を不快にする言動は見逃せないでしょう。また、崇高とまでは言わなくても、自分なりの人生観を確立していることを求めます。夢のない人、考えの浅い人はつまらないと感じるはず。肩書やお金なんかより、目標や生きがいを持っているほうがいいのです。

7ハウス星座の支配星が **11** ハウス

既存の価値観に縛られないこと

例えば、男なら立派な仕事を、女なら家庭を守る。そんな古い慣習を嫌います。適材適所で、2人が納得できる役割分担を求めるでしょう。臨機応変に対応できるかが見極めポイント。世間のイメージに当てはまらない関係が理想です。また、自由を求めるので、束縛されたくないタイプ。

7ハウス星座の支配星が **6** ハウス

思いやること

「私はこれだけあなたに尽くします。あなたは?」というスタンス。心から相手に尽くすタイプですが、一方通行では納得できません。相手の世話はすべて自分が、自分の世話はすべて相手が、という関係が理想。2人の世界だけではなく、周囲への配慮やマナーも求めるでしょう。

7ハウス星座の支配星が **8** ハウス

私だけを見ること

仕事や友人より、まずは私のことを見てほしい。過去の恋や他の異性には目を向けてほしくない。そんな本心の持ち主。ディープな関係を求めているため、パートナーにしか決して話さないことも多く、秘密を共有するでしょう。性的なつながりを求める気持ちも強め。裏切りは許しません。

7ハウス星座の支配星が **10** ハウス

社会的信頼があること

例えば、会社での地位が高い人や国家資格を持っている人、またはその見込みがあるような人を信頼します。また、2人の将来について、曖昧なヴィジョンではなく、明確な計画を立てられる人を求めるでしょう。目に見えないものより、実体のあるものに安心。伝統や格式を重視します。

7ハウス星座の支配星が **12** ハウス

秘密を共有すること

そもそも、関係自体をシークレットにすることを求めるかも。「2人の関係を知っているのは、この世界で私たちだけ」という特別感を求めるのです。本当の気持ち、誰にも話していない夢や目標、過去の過ちなど。自分も秘密を明かし、相手もそれを打ち明けてくれることを望みます。

自己分析 31 私がどうしても 許せないことって？

恋愛や結婚生活において、相手にしてほしくないこと、不快なポイント。それを自覚しておくことで、回避術も見えてくるはず。自分の攻撃＆防御を司る火星の星座に注目。

▶ 分析のしかた

① 早見表Aから、火星の星座をチェック！

① 早見表A
火星：獅子座

ハルコの場合：獅子座

火星が ♈ 牡羊座

自分のやり方に口出しされること

自分のペースやルールが明確にあって、それを否定されることは、アイデンティティを否定されたように感じるのでしょう。自分のためを思ってとわかっていても、相手からあれこれ指摘されると、「私の好きにさせてよ！」と怒りが爆発。スローペースな人も苦手で、ストレスの原因に。

火星が ♉ 牡牛座

お金にルーズなこと

例えば貸したお金を返さない、いつも奢ってもらってばかり、という姿勢に不信感を抱きます。物をすぐに捨てるような、「物を大事にしないタイプ」も苦手。または芸術品への理解ゼロ、あなたのあげたプレゼントの値打ちをわかろうとしない、というルーズな人もNGでしょう。

火星が ♊ 双子座

静かにしてと言われること

例えばとても封建主義的なパートナーのもと、「おしとやか」とか「寡黙」であることを強制されるなど。知識をバカにされたり、おしゃべりだと言われたり。そういう出来事も、恋愛感情が冷めるきっかけになります。不器用で、マルチタスクができない人にもイライラするかも。

火星が ♋ 蟹座

家族や仲間を軽んじられること

恋愛よりも身内を一段上に置いているタイプ。その価値観に共感してくれない相手とは恋愛できないでしょう。特に、たとえどんな文脈でも家族や仲間を侮辱するノリは許せません。恋人にそんなノリを強制すること自体が、あなたには「ありえない」ことなのです。地元の悪口もNG。

火星が 獅子座

自分を犠牲にすること

　全然構ってくれないとか、3歩下がって歩けと言われるとか。そういう、相手主体の関係だと楽しくないでしょう。あなたは恋愛以外にも輝くステージを持っているタイプで、恋のためにプライベートを犠牲にするのも苦痛。つまり「恋愛に主役の座を奪われる」ことが許せないのです。

火星が 天秤座

相手や属性で態度を変えること

　例えば友達だった時は割り勘だったのに、恋人になった途端奢ったり奢られたりするようになること。そういう、相手の属性によって扱いを変えるような人物をあなたは好みません。また、美的センスをけなされるのは絶対にNG。お互いを尊重できない相手とは恋愛できないでしょう。

火星が 射手座

モラルのない対応をされること

　例えば、恋人からあなたの信じているものを否定されたり、茶化されたりしたら、その人のことはもう、二度と愛せないかもしれません。何かあなたの専門分野について、知ったかぶりをされるのも苦手。それは知への冒涜だと感じるからです。束縛的で、自由が奪われる恋愛も苦手でしょう。

火星が 水瓶座

閉鎖的であること

　例えばパートナーが嫉妬深く、友達と遊ぶことすら許してくれない、など。そういう関係には耐えられません。生活が恋愛メインになると、不自由を感じるかも。親同士が決めた結婚のような、前時代的な仲もストレス。変化を起こせない恋愛、未来の決まった関係に魅力を感じません。

火星が 乙女座

怠惰であること

　不潔な人は絶対NG。そうでなくとも不摂生な生活をしていたり、自立心のない人だったり。そんなルーズな人には、恋愛感情は続かないでしょう。また、「細かすぎる」と「不健康」があなたの地雷ワード。たとえきちんとした相手でも、これを言われた瞬間に冷めてしまいます。

火星が 蠍座

愛情を独り占めできないこと

　恋人には私だけを大事にしてほしい、という気持ちの強いあなた。誰にでも愛想のいい人がパートナーだと気が休まらないでしょう。もし、恋人があなた以外の人にも心を寄せるようなことがあれば、その時は深く絶望してしまうかもしれません。「愛が重い」と「怖い」も傷つく言葉です。

火星が 山羊座

ルールを守らないこと

　例えば、あなたの前で平気で信号無視をする、遅刻をしても悪びれない、など。恋人であったとしても、そんな行動を見れば幻滅してしまうでしょう。古いものや、歴史あるものへの敬意がない人も許せません。例えば、お年寄りに席を譲らないような人。「偉そう」も愛が冷める言葉です。

火星が 魚座

理想をけなされること

　そもそもあまり許せないことがないタイプです。しかし、そんなあなたすら怒らせるのが、好きなものを否定されたり、「夢見がち」などと揶揄されたりすること。たとえ恋人でも許せないはず。また、恋人になった途端、お説教してくる人も苦手です。特に「やる気がない」は地雷ワード。

32 私が好きな人にアピールする
効果的な方法って？

金星のハウスは、あなたが誰かを楽しませたり、ハッピーな気持ちにしたりする場所。それをヒントに、意中の人へのアピール方法を考えていくと、魅力が伝わりやすいはず。

📍 分析のしかた ………………

① 早見表Aから、金星のハウスをチェック！

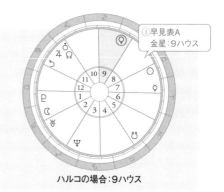

①早見表A
金星：9ハウス

ハルコの場合：9ハウス

金星が 1 ハウス

表情＆所作で引き込んで

あなたの表情や佇まいには、見ている人をハッと惹きつける魅力があるよう。自分から何かしかけるのではなく、相手が罠にかかるのを待って。恋するあなたはハンター気質で、つい強引なアプローチに出てしまいがち。そこをグッと我慢し、まずは相手の出方をうかがうといいでしょう。

金星が 2 ハウス

勝負服にこだわって

あなたの服装や持ち物には、あなた自身の人柄がよく表れているよう。それが、恋の相手を魅了するのです。安さや流行りではなく、自分の感性でいいと思うものや上質なものを選んで身につけましょう。肉体もまた、あなたのチャームポイント。体型の魅力を出す装いを研究してみて。

金星が 3 ハウス

トークで心をつかんで

あなたの魅力が最大限に発揮されるのは、ずばりおしゃべりをしている時。誰かを混ぜてもいいので、意中の人と会話する機会を作って。そこではあまりかしこまらず、フレンドリーに接すると効果的。あなたは「人を虜にする言葉」を使う人です。手紙やSNSで交流するのも、いい作戦。

金星が 4 ハウス

家族のように接して

まるで「居心地のいい民宿」のような雰囲気を持つあなた。その女将さんになったつもりで、アットホームな接し方をして。相手はあなたの父性的・母性的なところに魅力を感じるはず。日頃から「何でも相談してね」と言葉や態度で示しておくと、より心を開いてもらいやすいでしょう。

金星が 5 ハウス

大胆になって

あえて地味な服を選んだり、相手に合わせた言動をしたりする必要はありません。個性こそがあなたの魅力だからです。デートのためにおしゃれをするといった、「恋する喜び」を全身で表現するのが、魅力を最も輝かせる秘訣。ヒロインになったつもりで自分をアピールしましょう。

金星が 6 ハウス

世話を焼いて

人々はあなたのマメな姿に魅力を感じるのですが、その魅力はグループの中でこそ際立ちます。日頃から仲間を手厚くサポートするなど、「甲斐性」を見せつけておいて。もちろん、恋愛対象本人の世話を焼くのもいいアプローチです。ただし、やりすぎると「ヒモ」を生み出すので、注意。

金星が 7 ハウス

たくさんほめてあげて

もともと「人たらし」の才能があるあなた。寄ってくるタイプも好きになる人も、人気が高い傾向。ゆえに相手は「ほめられ慣れている」ことが多いので、あなたは人一倍ちやほやしてあげなくてはなりません。また、人々はあなたの美的センスに魅力を感じます。おしゃれにも気合を入れて。

金星が 8 ハウス

焦らしてみて

あなたは黙っていても人を惹きつける雰囲気の持ち主。「恋の上級者」のようなオーラがあるので、そこをうまく使うことです。余裕たっぷりでいることを心がけ、間違っても自分からがっつくようなことはしないで。すぐに気を許すのもNGです。相手が完全に落ちるのを待ちましょう。

金星が 9 ハウス

好きなものの話をして

あなたは一般的な感覚からすると、少し高尚な趣味を持っているのでは？　相手はそこに魅力を感じるよう。遠慮せず、愛を語って。あなたは相手にとって興味の尽きない存在となるでしょう。ただし無邪気に会話を楽しむばかりで、なかなか恋愛に発展するまでに時間を要するかも。

金星が 10 ハウス

相手を特別扱いして

あなたは周りの人から引き立てを受ける、隠れモテ体質。クラスのお調子者的な人気者ではなく「愛され委員長」のようなイメージです。しかし多くの人からモテるあなたは、逆に気になる人へのアピールが疎かになりがち。本命は「あなただけ」という態度を見せるようにしましょう。

金星が 11 ハウス

マメに好意を伝えて

相手はあなたの古い慣習に縛られない姿に惹かれ、自由奔放な姿に理解を示そうとしてくれるでしょう。だからこそ、それに甘えず、極力、積極的に相手へ好意を伝えましょう。その「必ずしも1人を愛することに向かない」性質が、相手に戸惑いを与える可能性も心に留めておいて。

金星が 12 ハウス

はっきりと好意を伝えて

あなたは捉えどころのない雰囲気や、守ってあげたくなるオーラで人を魅了するタイプ。でも、そのせいで相手に脈なしだと思われたり、誰にでも愛想よく接した結果、あらぬ誤解が生じたり。そういう「惜しい」すれ違いが起こりがちなので、相手にははっきり好意を伝えるのが◎。

自己分析 33 恋において私は 依存的？ 自立的？

2人の関係の本質や行き違いの原因を探るには、恋において自立的なタイプか、依存的なタイプかを把握しておくと、腑に落ちることがあるでしょう。恋の性質を表す金星の星座に注目。

📖 分析のしかた

① 早見表Aから、金星の星座をチェック！

① 早見表A
金星：双子座

ハルコの場合：双子座

金星が ♈ 牡羊座

自立的／自分第一タイプ

恋において自分が一番大切なので、依存には至りません。自身のやりたいことや気分が明確で、むしろそれに合わせてほしいと思うでしょう。もし、相手に構ってもらえなくても、1人で楽しむすべを見つけます。精神的な自立というよりは、1人が好きという感覚が近いかもしれません。

金星が ♉ 牡牛座

自立的／生活安定タイプ

心配性で、用心深い気質。パートナーがいなくても1人で生きていけるように備えるタイプです。お金や衣食住に関することは、一通り自分で用意できます。とはいえ、豊かであることを望むため、パートナーがいるほうが安心。ただし、蓄えを分け与える側にはなりたくないでしょう。

金星が ♊ 双子座

依存的／相手に興味津々タイプ

精神的にどっぷり依存することはありませんが、「話を聞いてほしい」「情報を共有してほしい」と思うタイプです。構ってもらえないと困るのは、"さびしい"からではなく"つまらない"から。周りで流行っていることや、相手の経験してきたことについて知りたい欲求が強いでしょう。

金星が ♋ 蟹座

依存的／保護者感覚タイプ

ノスタルジックな雰囲気に弱く、何かあっても、2人の思い出の場所や景色、味などを感じると戻ってきてしまいます。情にもろく、相手が弱かったり頼りなかったりするほど、「私がいなきゃ……」という気持ちに。結果的に、相手から離れられない依存タイプになります。

金星が ♌ 獅子座

自立的／人気者タイプ

　自分がどう輝くかが最重要。引き立て役として相手を必要としますが、いなくても注目を浴びるための努力は惜しみません。自己プロデュースが本業のような人なので、自立的と言えます。むしろ、相手を放置することも多いです。でも自分が構ってもらえないと、プライドが傷つきます。

金星が ♎ 天秤座

依存的／振り回されるタイプ

　優柔不断なところがあり、相手任せにしてしまうことが多いタイプ。そういう意味で、自立的ではないかもしれません。相手に合わせる性質でもあるので、パートナーの暮らしや趣味に振り回されることも。「2人で1つ」という感覚が根底にあるため、やや依存的になるのでしょう。

金星が ♐ 射手座

自立的／冒険心タイプ

　「私の挑戦は、たとえ恋人であっても止めることはできない」というスタンス。崇高な理念を持ち、そこには家族でも恋人でも立ち入れません。きちんとした軸があり、かなり自立的です。ただし、相手の理念に共感し、心酔することも。その場合は、崇拝的に依存してしまうかも。

金星が ♒ 水瓶座

依存的／一目置かれたいタイプ

　ちょっと変わった提案をしたり、人とは違う服装をしたりして、相手の気を引きたいタイプ。精神的には自立していますが、構ってほしい気持ちも。それは、自身というより、例えば自分の作品やユーモア、評価など、自分が生み出した何かに対するリアクションを、常に求めています。

金星が ♍ 乙女座

自立的／自己管理徹底タイプ

　ストイックな性質で、何でも自分でできて当たり前、パートナーに依存することは決してなく、むしろ仕事依存症のようになるタイプ。相手の世話も焼いてあげる奉仕の精神もありますが、「甘えさせている」というよりは「しつけをしている」という感覚で、自立心を促します。

金星が ♏ 蠍座

依存的／束縛タイプ

　純粋で愛情深いからこそ、「疑い」も深くなってしまう人です。浮気をしているのではないか、過去の恋が忘れられないのでは、など過剰な不安を抱えて、監視的になったり束縛したり。「この人でないとダメ」という思い込みが強く、かなり依存的と言えるでしょう。性的に依存する傾向も。

金星が ♑ 山羊座

自立的／ドライなタイプ

　馴れ合いや甘い関係は苦手で、互いの自立心の上に恋愛は成り立つものだと考えています。自立心が強すぎて、相手も自分のものと考え、管理しようとすることも。ドライでもあり、非常に頼りになる存在でもあるタイプ。1人で生きていくことに苦を感じない、強い性質の持ち主です。

金星が ♓ 魚座

依存的／どっぷり依存タイプ

　そもそも自立心の低いタイプで、上手に人を頼るタイプです。恋愛においては、その傾向がさらに強まる傾向が。恋人というよりは、保護者のように思っていることも。生活的な面でも精神的な面でも、好きな気持ちに比例して依存しがちですが、相手にプレッシャーをかけないように注意。

自己分析 **34** セックスについての
私の考え方って?

恋愛や結婚生活と切り離せない、セックスの
スタンス、捉え方。この重要なテーマは、肉体
が深く交わる8ハウスの星座から分析。本当の
あなたは、何を求める?

👉 分析のしかた ········

① 早見表Bから、8ハウスの星座をチェック!

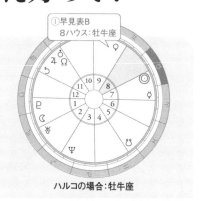

① 早見表B
8ハウス：牡牛座

ハルコの場合：牡牛座

8ハウスが 牡羊座

爽やかな汗をかきたい

　スポーツやエクササイズで得られるような、爽
やかな汗を流したいタイプ。もちろん愛情が前提
ですが、そのうえで、ちょっとした激しさと快感
を求めるタイプ。スローペースな感じや感情的す
ぎる雰囲気は苦手。愛情を確かめるというより、
楽しませてもらいたいという感覚かも。

8ハウスが 双子座

近距離トークを楽しみたい

　行為そのものというより、その最中の、普段
とは違った「会話」に愛を感じるでしょう。その
時ならでは言葉や声を大切にします。また、好
奇心が強いタイプで、関係がマンネリ化しないよ
うにチャレンジ精神が豊富。「お決まりのパター
ン」では、雑に扱われていると感じるかも。

8ハウスが 牡牛座

ゆっくり温度を感じたい

　肌と肌をふれ合わせることで、相手の心の温度
も確かめます。安心感を得るためのコミュニケー
ションの1つと考えるタイプ。そのため、ゆっくり
丁寧に行為が進むことを望んでいます。荒っぽい
雰囲気や慌ただしい展開は苦手。じっくり相手の
肌質や温度を感じることで、心地よくなるでしょう。

8ハウスが 蟹座

精神的に満たされたい

　基本的には、子どもを授かるための、あるい
は子どもができてもいいと思える相手との行為、
というスタンス。穏やかで優しい雰囲気を求めま
す。身体的な快感より、愛を感じることで精神
的に満たされたいタイプです。そのため、テク
ニックなんかより、言葉やムードを重視。

8ハウスが 獅子座

特別扱いされたい

あなたは映画の主人公のような自覚を持っています。そのため、ドラマティックな展開、つまりセックスに至るまでのプロセスを重視するでしょう。ちょっと芝居がかった愛情表現やゴージャスな場所にグッときます。あなた自身も派手な装いや表現でムードを高めて、楽しみたいタイプ。

8ハウスが 天秤座

気持ちを再確認したい

お互いの気持ちを確かめ合う行為だと位置づけています。契り、誓いとも言えるでしょう。相手には、紳士的な振る舞いを求めます。清潔感もマスト。対等な関係である確認もしたいので、どちらかが一方的になると冷めてしまうかも。セックスの時だけ性格が変わるタイプも苦手です。

8ハウスが 射手座

一緒に楽しみたい

セックスはあくまでも、2人が楽しむための手段という感じで、そこまで深刻に考えない傾向に。セックスがないからといって、愛がないとは思わないかもしれません。ややルーズになりがちなのも、このタイプが多いです。ただし、信仰する宗教がある場合、その教えに忠実です。

8ハウスが 水瓶座

変わったことをしてみたい

そもそも、セックス自体は特別なことではないと思っているかも。数あるコミュニケーション手段の1つくらいに考えているかもしれません。ただし、ありきたりなことが嫌いで、ちょっと変わったプレイを試みたり、意外な関係性の人と一晩を過ごすようなことも。ちょっとドライな面もあり。

8ハウスが 乙女座

相手の喜ぶ顔が見たい

相手を楽しませたい、喜んでもらいたい気持ちが強い性質で、セックスでもその傾向が。相手の満足そうな態度に愛を感じやすいのです。そのため、相手が主導してほしいタイプなら主導し、リードしたいタイプなら身を任せるでしょう。ただし、はっきりした関係性の人しか相手にしません。

8ハウスが 蠍座

身も心も一体化したい

セックスは愛情表現の必須項目。尽くし、尽くされる行為を理想とします。何度も言葉で愛を確認したり、他の人に見せないような顔や振る舞いを求めたりして、重いと思われることも。激しさやアブノーマルなことを求めることも。一方的になりすぎないようにしたいところ。

8ハウスが 山羊座

積極的ではない

セックスにあまり積極的ではないかもしれません。例えば、古風な感覚の持ち主で、結婚するまではNGとか、不純だと感じるとか。極端な話、子どもを授かる気がないなら、必要ないとさえ思うかも。誠実さを第一に考えます。セックスの態度で、信頼できる人かどうかを見ることも。

8ハウスが 魚座

ムードを高めたい

非日常的な時間がないと心が乾いてしまうため、セックスは大切な時間。セックスを通して、2人の雰囲気をよりロマンティックにしたいという意図も。ピロートークがメインイベントで、終わった後の時間をとても大切にするでしょう。それらを雑に扱われると、過剰に傷つきます。

自己分析 35 私は「許されざる恋」に縁がある？

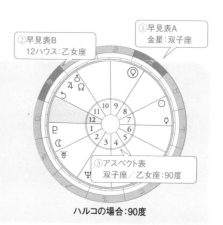

②早見表B
12ハウス：乙女座

①早見表A
金星：双子座

不倫、相手がいる人への片思い、終わった恋など……。周囲から応援されにくい恋愛と縁はあるのか。愛の星・金星と、「秘密」の12ハウスの星座のアスペクトから探ります。

▶ 分析のしかた

① 早見表Aから、金星の星座を確認。
② 早見表Bから、12ハウスの星座を調べる。
③ アスペクト表から、①と②の角度をチェック！

③アスペクト表
双子座／乙女座：90度

ハルコの場合：90度

金星と12ハウス星座の角度が

0度

最も縁がある

　終わった恋や不倫に落ちやすいタイプです。相手に依存してしまったり、ネガティブな妄想も働きやすかったり。あるいは、一回だけと割り切るパターンも。ハマり具合はそれぞれですが、共通しているのは、周りが見えなくなること。「この人」と思ったら、立場や事情に関わらず、その人と1つになりたいという愛の衝動。そのため、許されざる恋に走る可能性も高いタイプなのです。後先を考えないので、冷静さを取り戻したり、トラブルが起こったりしてから後悔することも。

金星と12ハウス星座の角度が

60度

まあまあ縁がある

　つい、浮気や不倫、難しい恋などに走ってしまいがちな傾向。一度別れたり、禁じられた恋であっても、気の合う人、楽しくいられる人であれば気を許してしまうでしょう。一緒に飲みに行ったり、趣味を楽しんだりするだけのつもりでも、その流れで一線を越えてしまうことも。誰にも迷惑をかけない、あるいはバレるまでは、深刻に考えないかもしれません。何か問題が起こっても、最終的には「それもまた人生の経験」と、どこかポジティブに捉える傾向もあります。

金星と12ハウス星座の**角度**が

90度

ほとんど縁がない

危険な恋愛は、基本的に回避するタイプ。よほどのことがない限りは飛び込まないでしょう。そもそも、倫理に反することに嫌悪感を持っています。終わった恋や許されない相手への執着や葛藤も、論外だと思っていて、そういう恋愛をする人を、心のどこかで軽蔑しているタイプ。ただし、このタイプの人が、もし、許されざる恋に走ったら……。その思いや関係を解消することは非常に困難。最も「抜けられない」人となってしまうのです。まじめがゆえに、純粋すぎるということ。

金星と12ハウス星座の**角度**が

120度

縁はあるが自覚はない

明確に、相手への愛が動機というよりも、「その場の流れで」「気づいた時には……」と、無自覚に不倫や終わった恋に走ってしまうことがあるタイプ。「相手がいるとわかっていても、誘ってきたのは向こうだし……」など、勝手に"許された恋"にすることも。いばらの道を進んでも、この愛を手に入れたいという覚悟があれば別ですが、「何となく」なら、自分も関係者も痛手を負うことに。訳ありの人と会う時には、その場の楽しさに夢中になりすぎないようにしましょう。

金星と12ハウス星座の**角度**が

180度

自分で縁を遠ざける

好きになってしまったのなら、具体的な行動を起こしたくなります。しかし、このタイプは学習能力や観察眼が優れていて、身近な人や有名人の失敗を反面教師にして思いとどまるでしょう。アプローチされても、「でも奥さんがいるから、慰謝料が発生して……」など、いい意味で勇気がありません。一番危険なのは、相手に尽くしたり世話を焼いているという構図。「この人には、私がいないと」という気持ちになると、客観的な視点を失ってしまうかもしれません。

金星と12ハウス星座の**角度**が

30度　　**150**度

まったく縁がない

恋愛に関しては、いたって健全。許されない恋や難しい関係は対象外でしょう。そもそも、そのような出会いがある場を避けたり、怪しい誘惑をいち早く察知して遠ざけたり、「芽を摘む」ことで、ノーマルな恋愛を引き寄せるタイプです。また、恋ではなく、一から友情を築くこともできる素質が。例えば、元恋人とも友人関係としてつき合いを続けたり、恋愛に発展しそうな雰囲気だった同僚が、妻子持ちだと覚発したら、ただちに同僚としての関係に戻したり、割り切るタイプ。

自己分析 **36** 私がやりがいを感じる 仕事って?

働き方や職種への適性を知っておくと、キャリアプランの参考に! "社会"の場を表す10ハウス。その星座の支配星のハウスが、社会の中であなたがどう輝くかを教えてくれます。

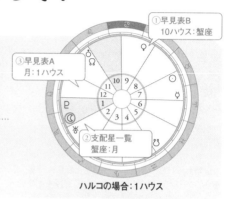

③早見表A
月:1ハウス

①早見表B
10ハウス:蟹座

②支配星一覧
蟹座:月

📖 分析のしかた

① 早見表Bから、10ハウスの星座を確認。
② 支配星一覧から、①の支配星を調べる。
③ 早見表Aから、②のハウスをチェック!

ハルコの場合:1ハウス

10ハウス星座の 支配星が **1** ハウス

個性を発揮できる仕事

　重要なアイデアを出したり、独自の案件を取ってきたり。個性が結果につながった時、喜びを感じるでしょう。トップ、あるいはフリーなど手柄を独り占めできる環境だとモチベーションUP。競争心も強めです。向いている職業は、起業家、経営者、プランナー、アスリートなど。

10ハウス星座の 支配星が **2** ハウス

物作りに関する仕事

　美的センスが高く、それを「形」にできるような仕事にやりがいを感じます。装飾品や洋服、インテリアといったアイテム、料理やお花といった生ものなど。じっくり時間をかけて、納得いく仕事ができる環境を望むでしょう。向いている職業は料理家、デザイナー、商品開発など。

10ハウス星座の 支配星が **3** ハウス

文章に携わる仕事

　自分の言葉や表現が評価されると、自尊心が満たされるタイプ。小説や記事といった長めの文章はもちろん、広報として商品をヒットさせる「ワンフレーズ」を探るようなことにやりがいを感じます。情報力を活かす仕事も◎。向いている職業は、編集者、コピーライター、ブロガーなど。

10ハウス星座の 支配星が **4** ハウス

何かを育てる仕事

　人やものを育てることにやりがいを感じます。日常の中で少しずつ変化していく様子に、喜びと感動があるのです。また、衣食住に関する仕事も◎。誰かの「生活」の役に立っているという感覚がモチベーションに。向いている職業は、保育士、家事代行、手工芸作家、飲食業、建築家など。

10ハウス星座の支配星が 5 ハウス

スポットライトを浴びる仕事

仕事では、とにかく目立ちたがり。そのため、自ずと華やかな職業やポジションに魅力を感じるでしょう。地味な仕事や決まったルーティンの仕事は苦痛かも。リーダーとしての適性もあります。向いている職業は、芸術家、芸能関係、YouTuber、インフルエンサー、政治家など。

10ハウス星座の支配星が 6 ハウス

実務的な仕事

現実的に、この仕事を進めているという実感が、やりがいに直結。例えば、曖昧なアイデアを実現すべく、リサーチをしたり関係者に根回しをして計画を立てたり、「形になっていく」様が楽しいのです。向いている職業は、事務、会計、マーケティング、コンサル、公務員、医療系などにも強いやりがいを感じます。

10ハウス星座の支配星が 7 ハウス

人と何かを結びつける仕事

人と人、あるいは人と何かを結びつける仕事に魅力を感じるでしょう。ぴったりの結婚相手や服をマッチングさせる、適性のある仕事や物件を紹介するなど。企業と企業を結ぶ、窓口、交渉役、広報などもやりがいを感じます。向いている職業ジャンルは、結婚、アパレル、美容、宣伝など。

10ハウス星座の支配星が 8 ハウス

専門分野を究める仕事

煩雑なことよりも、1つのテーマに長い時間をかけて没頭したいタイプです。専門性が高いほど、やりがいを感じます。職場でも「私にしかわからない」ことを何か1つ確立し、特別感を出そうとします。秘密を暴く仕事も◎。研究者、専門家向きで、探偵、芸能記者なども合います。

10ハウス星座の支配星が 9 ハウス

自由度の高い仕事

フレックス制やノマドワーカーなど。管理が厳しいのは苦手で、「自分の裁量に任せられる」ことにもやりがいを感じるでしょう。決まった正解のない仕事や海外に関する仕事にロマンを感じるタイプでもあり、理想を追っていたいタイプ。向いている職業は、出版、貿易、翻訳など。

10ハウス星座の支配星が 10 ハウス

結果を評価される仕事

出世や昇給など、明確なリターンがあることがモチベーション。組織の中で評価されることにやりがいを感じるので、どんな仕事でも熱心に取り組むでしょう。その中でも、歴史や伝統を感じる仕事には熱が高まります。経営者、管理職に向き、歴史関係、神社仏閣関係なども合います。

10ハウス星座の支配星が 11 ハウス

まったく新しい仕事

今までと同じやり方、古い価値観から生まれたアイデア、類似品の開発などはつまらないと思うタイプ。これまでにないアイデアを出せた時、やりがいを感じるでしょう。独創的な仕事がしたいのです。向いているのは、クリエイティブ関係、IT関連、ベンチャー企業、NPO、NGOなど。

10ハウス星座の支配星が 12 ハウス

人の心に寄り添える仕事

お金や地位よりも、どれだけ人の心を癒やせるか。それがあなたにとって一番重要なことなのでは？　プライベートの延長線上に仕事があるのが理想。手段は様々ですが、心に響くメッセージを発信することがやりがい。向いている職業は、アーティスト、心理カウンセラー、占い師など。

(自己分析) **37** 私はどんな
チームに向いている?

向いている会社や部署、チーム編成など。ポテンシャルを発揮しやすいのはどんな組織でしょう? 本来の力を発揮する場である1ハウスの星座の支配星があるハウスから導き出します。

📖 分析のしかた

① 早見表Bから、1ハウスの星座を確認。
② 支配星一覧から、①の支配星を調べる。
③ 早見表Aから、②のハウスをチェック!

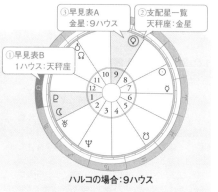

③早見表A
金星:9ハウス

②支配星一覧
天秤座:金星

①早見表B
1ハウス:天秤座

ハルコの場合:9ハウス

**1ハウス星座の
支配星が** **1** **ハウス**

自分が中心になって動けるチーム

リーダーやエースになれる環境、それが難しいならいっそソロ。あなたは思い立ったら即行動が許され、思う存分実力を試せるチームで輝きやすいでしょう。それぞれのメンバーが精神的に自立していて、各自何かイノベーティブなことに挑戦している集団も◎。競争心を刺激されそう。

**1ハウス星座の
支配星が** **3** **ハウス**

若手が切磋琢磨し合うチーム

例えば「壁に営業成績のグラフが貼ってある」ような部署。メンバーが精神的に対等で、自由な発言が許されているとなおよし。逆に年功序列で、どれだけ実力があっても若手は上に行けないような環境だとやる気が出ません。チームに同レベルのライバルがいると楽しく仕事ができます。

**1ハウス星座の
支配星が** **2** **ハウス**

成果への報酬がきちんと得られるチーム

あなたにとって報酬とはお金や昇進といった実益的なリターンのこと。働きに見合った報酬が約束されていると、イキイキと活躍できそうです。逆に、頑張っても「やりがい」しか得られないような環境だと力を出せないかも。物作りに関わることや、保守的な集団にも適性あり。

**1ハウス星座の
支配星が** **4** **ハウス**

アットホームなチーム

どこか家族経営的なノリで、本業の傍ら皆で畑を耕しているような集団です。そういう和気あいあいとした空気の中だと、リラックスして本来の、もしくはそれ以上の実力を出せるでしょう。またローカルな世界観に適性があるので、地域に根差した活動をするチームでも活躍できそう。

1ハウス星座の支配星が 5 ハウス

自由な発想を表に出せるチーム

いつも活発な意見交換が行われていて、誰でも発言しやすい空気がある環境。あなたのアイデアをおもしろがってくれる人が必要です。「自己主張のしやすさ」があると、自分のクリエイティビティを思う存分に発揮できるでしょう。逆に、出る杭は打たれるようなチームはNG。

1ハウス星座の支配星が 6 ハウス

合理的で環境が整っているチーム

例えば福利厚生がしっかりしているとか、キレイで清潔な活動拠点を持っている組織など。きちんとしたデータ分析がなされているかも重要です。根拠のある数字に基づいた運営がなされていて、メンバーが適材適所に配置されているチームだと、安心して仕事ができるでしょう。

1ハウス星座の支配星が 7 ハウス

何事にもフェアなチーム

例えば学歴や性別で役割分担されることがなく、誰にでも平等にチャンスがある部署。ある意味では潔癖で、正義感の強い集団とも言えるでしょう。人権意識が高いという表現もできます。そういう場所だとチームのために貢献したいと思えるので、結果、実力をうまく発揮できそう。

1ハウス星座の支配星が 8 ハウス

少数精鋭で伝統のあるチーム

例えば何十年も続く企業や、何かの保全活動をしている団体など。その手の研究組織でもいい活躍ができるでしょう。静かに黙々と1つのことに向き合う環境だとなお向いています。また、烏合の衆ではなく「少数精鋭」の中に身を置くと、気が引き締まって大きな力を出せそうです。

1ハウス星座の支配星が 9 ハウス

皆の目標が一致しているチーム

強烈なカリスマが率いている集団や、偉人の思想を受け継いでいる団体など。そういうわかりやすい「お手本」が示されていると、ブレずに実力を発揮できるでしょう。信仰と布教をセットで考えるなら、自分の愛するものの魅力を誰かに伝えるような活動とも相性がよさそうです。

1ハウス星座の支配星が 10 ハウス

成果主義のチーム

「評価基準は実力のみ。リーダーとの関係性や人柄は関係ありません」といった空気の集団と相性がいいでしょう。あなたも含め、メンバーの行動がしっかりと管理されているか、いっそあなたが管理者サイドというのもあり。ノルマがあったほうが、自分の限界を超えられそうです。

1ハウス星座の支配星が 11 ハウス

フレキシブルな運営がされているチーム

例えば自由出勤がOKな職場だったり、お年寄りから学生まで所属しているようなサークルだったり。「席が決まっていない」感じも重要で、ポジションの垣根を超えた協力やチャレンジができる環境だと、前のめりに関わっていけそう。ジャンル違いの集団に二重在籍するのもあり。

1ハウス星座の支配星が 12 ハウス

活動がベールに包まれたチーム

例えば、あまり一般社会には知られていないジャンルを扱っているチーム。外からはその活動内容がわかりづらいほど、安心して自分らしさを発揮できるでしょう。注目を浴びると委縮してしまうかもしれません。また、ニッチなテーマについて語り合える仲間がいるかも重要。

（自己分析）38　私が組織の中で才能を発揮しやすいポジションは？

太陽の星座は「求められること」なのに対し、月の星座は「発揮すること」が何かを教えてくれます。そこから、あなたの才能が活きる"ベストポジション"が見えてきます！

👉 **分析のしかた** ‥‥‥‥‥‥

① 早見表Aから、月の星座をチェック！

①早見表A
月：蠍座

ハルコの場合：蠍座

月が ♈ 牡羊座

先頭バッター

　チームの先陣を切るようなポジションです。何が相手でも臆することなく突っ込んでいく「斬り込み隊長」の魂を持つあなた。思いついたことをバンバン実行できる立場で力を発揮します。集団でも個人行動が得意で、スタートダッシュの速さが武器。「事後報告」が許される環境だと◎。

月が ♉ 牡牛座

守備職人

　攻めるより守る役割です。危機感知力が高く、トラブルに対し特殊な嗅覚が働くあなた。チームのブレーキ役として、何かの「最終確認」をする立場で力を発揮できるでしょう。また、問題にいち早く気づくという点では、文字通りメンバーの相談を受け止める役も適任です。

月が ♊ 双子座

ユーティリティプレイヤー

　1人でいくつもの役をかけ持ちするポジションです。要領がよく、頭の回転が速いあなたはマルチタスクも何のその。うまく手を抜きながら、1人で何人分もの働きをするでしょう。その役割上いろいろな人と知り合いになれるので、メンバー同士をつなぐ「伝書鳩」としても活躍できそう。

月が ♋ 蟹座

キャプテン

　チームの舵取りをするポジションです。全体の流れを感じ取る力があり、その力を使ったパス回しで活躍。人手が多いところから足りないところへ、仲間を引き連れて応援に行くような動きです。例えるなら、スタッフの立場から現場へ指示を出す、フロアマネージャーのようなイメージ。

月が 獅子座

エース

チームの顔となるポジションです。まるでスターのような存在感と求心力を持つあなた。チームに資金を引っ張ってくる営業や、メンバーを代表して人前に出る広報、イメージキャラクターとしての活躍に期待大。また、勝負運もあり、何かを「企画」する役も向いているでしょう。

月が 天秤座

バランサー

チーム全体の秩序が保たれるよう、目を光らせるポジションです。相手や状況によって顔を変えられる「変身能力」を持つあなた。ルールを破った人を注意する役、落ち込んでいる人を励ます役……など、千変万化の活躍ができそう。1人で何役もこなす運命を受け入れると、重用されます。

月が 射手座

司令塔

チームに指示を出すポジションです。生まれついての冒険家気質で、いざという時に思いつく「大胆な作戦」に定評が。臨機応変に指示を飛ばすリーダーとして活躍ができるでしょう。ポジティブシンキングで、人に明るい未来を思い描かせる力も。チームの中心で輝きを放ちます。

月が 水瓶座

特別枠

自由に動き回るポジションです。キーワードは無所属。部署やデスク配置などの垣根を越えて、どこか「お客さん」的な立場でチームに関わると、のびのびと力を発揮できるでしょう。「締め切りは必ず守るから遅刻は許して」など、リーダーにはあらかじめ特別待遇を頼んでおくとよさそう。

月が 乙女座

マネージャー

メンバーのサポートをするポジションです。優れた分析力を活かした「秘書」のような働きができそう。例えばスケジュールや備品、データを管理する役割。人をスカウトするのも向いています。細かいところに目が届き、手際のいいタイプですから、能率UPに貢献できるはずです。

月が 蠍座

ハードマーカー

チームの敵を潰すポジションです。あなたは仲間のためなら「嫌われ役」を買って出るほど愛情深い人。チームのためにあえて厳しいことを言うご意見番や、味方に害をなす存在を潰す存在として活躍できます。ただしその分、いつもは優しい人でいる努力も大切。発言に重みが増すはず。

月が 山羊座

監督orナンバー2

チームを管理指導するポジション。まじめでルールに厳しいあなたには、メンバーの手綱を握る役目がぴったり。注意警告はお手のものでしょう。また財政面の管理も抜群なので、チームのお財布係のような役も◎。責任者、もしくは「縁の下の力持ち」的なメンバーとして重宝されそう。

月が 魚座

ムードメーカー

チームメイトを癒やして生産性を高めるポジションです。ちょっと天然なところがあるあなたは、周りに忖度せず自分らしくいることが一番のチーム貢献になりそう。特に空気がピリついている時や、忙しすぎて皆が余裕をなくしている時、その言動で一気に場を和ませられます。

自己分析 **39**

私が作業に集中できる
環境・時間帯って?

③早見表A
木星:11ハウス

②支配星一覧
魚座:木星

①早見表B
6ハウス:魚座

ハルコの場合:11ハウス

働き方も多様化し、テレワークも増えた今、知っておきたい、自分にとって一番効率のいい部屋＆時間とは?　労働の6ハウスの星座の支配星のハウスがヒントになります。

📖 分析のしかた ‥‥‥‥‥‥‥‥‥

① 早見表Bから、6ハウスの星座を確認。
② 支配星一覧から、①の支配星を調べる。
③ 早見表Aから、②のハウスをチェック!

6ハウス星座の
支配星が 　**1**　ハウス

プライベートルーム／朝方

　最もわかりやすいのは自宅でしょう。「この作業環境だと仕事がしにくい」と思った時、すぐに模様替えできるような場所です。時間だと、朝方。日の出と共に仕事を始めるのがおすすめです。朝日を浴びると頭が冴えるなど、あなたにとって早起きは三文の徳。集中力が切れた時は陽を浴びて。

6ハウス星座の
支配星が 　**3**　ハウス

仕事道具があればOK ／夜

　まずはいろいろなところで作業をしてみて、集中しやすい場所を探しましょう。そこが、ベストポジション。あなたは自分のPCさえあればどこでも仕事場にできるからです。お気に入りのカフェや、移動中の車内という人もいるでしょう。時間だと、夜。おつまみがあるとはかどりそう。

6ハウス星座の
支配星が 　**2**　ハウス

雑多な空間／朝方

　例えば、ガレージや物置のような雰囲気の部屋。雑然としているほうが、逆に集中できるタイプです。倉庫を改装したようなカフェもおすすめ。特にアンティークの家具が置いてあるところは、仕事を後押しするパワースポット。時間だと、朝方。質のいい朝食を取ってからだと効果的です。

6ハウス星座の
支配星が 　**4**　ハウス

自宅のリビング、寝室／夜

　とにかく肩肘張らずくつろげる場所です。そういう意味ではやはり、自宅にワークスペースを作るのがおすすめ。外なら近所のファミレスやカフェ。特に純喫茶のようなレトロ感のある場所は、集中力を高めてくれるでしょう。時間なら、夜。家族や隣人が寝静まってからが狙い目です。

6ハウス星座の支配星が **5** ハウス

賑やかな場所／深夜

例えば娯楽施設。カラオケルームや漫画喫茶など。学生がワイワイしているカフェというのもあり。多少周りが騒がしいほうが、かえって集中できるでしょう。自宅でも、BGMを流しながら……などがおすすめ。時間なら、深夜。「文化祭前夜」のノリでエンジンがかかるタイプです。

6ハウス星座の支配星が **7** ハウス

おしゃれで品のいい場所／午後〜夕方

例えば、ホテルのラウンジやそれをイメージした部屋。静かなカフェもよく集中できるでしょう。ファミレスなどガヤガヤした店とは相性がよくありません。時間なら、午後から夕方。15時あたりに一息つくと、夕方まで頑張る力が回復しそうです。ホテルに「作業泊」するというのもあり。

6ハウス星座の支配星が **9** ハウス

本に囲まれた場所／昼

例えば大学や図書館、書店併設のカフェなど。自宅の場合は、本に囲まれた部屋だと集中力が高まります。本が少ないなら、家具よりも先にそろえたいところ。またワーケーションのような仕事法も向いていて、飛行機や電車の中で作業をするのもあり。時間なら、昼に集中力が高まります。

6ハウス星座の支配星が **11** ハウス

共有スペース／午前中

いわゆるノマドワーカーたちが集まっているような作業空間がおすすめです。時間制のカフェや仲間が見つかる「コワーキングスペース」など。自宅なら、リビングがベター。時間は、午前中が◎。頭が冴えている上、ビジネス上のラッキーイベントが起こりやすい時間帯です。

6ハウス星座の支配星が **6** ハウス

清潔感のある場所／午後〜夕方

散らかった環境では集中できないタイプです。会社員なら職場の作業スペースが最適。そうでなければ自分のデスクを1つ持ち、そこを仕事用に整えてしまうのがいいでしょう。時間は午後から夕方。オフィスビルに入ったカフェのような場所で、勤め人に混じって作業するのもおすすめ。

6ハウス星座の支配星が **8** ハウス

狭くて1人になれる場所／昼

例えば、ネットカフェなどの個室です。駅や商業施設にある1人用テレワークスペースもおすすめ。1人きりで、カラオケルームやホテルを利用するのも手です。時間なら、昼。「日が傾くまでに終わらせる」などデッドラインを設けると、集中力を発揮しやすいでしょう。

6ハウス星座の支配星が **10** ハウス

仕事だけのための場所／昼過ぎ

公私をはっきり分けたほうが集中できるタイプです。自宅や近所での作業は避け、きちんとした仕事用のスペースを用意するのがおすすめ。可能ならシェアオフィスやテレワーク用のカフェがベスト。時間なら、昼。太陽が頂点に昇る正午〜2時頃を軸に作業計画を立てて。

6ハウス星座の支配星が **12** ハウス

自分しか知らない場所／午前中

例えば誰にも教えていない秘密のカフェや、オープンしたての施設など。薄暗い場所で集中力を発揮できるので、地下にあるお店やあえて照明を落とした自室もおすすめです。時間なら、午前中。特に日の出直後の「マジックアワー」は、集中力と直感力に磨きがかかるボーナスタイム！

自己分析 40 私のスランプ脱出&ストレス解消法って？

社会人にとって大きなテーマでもある、ピンチ&ストレスとの向き合い方。潜在的欲求を示す月の星座をヒントに、息抜き術を分析して。安定感がグッと高まるはず。

☞ 分析のしかた

① 早見表Aから、月の星座をチェック！

①早見表A

月：蠍座

ハルコの場合：蠍座

月が 牡羊座

単独行動／汗をかくこと

　スランプ脱出のカギは、自分の考えや直感を優先すること。組織などに迎合するより、単独行動で事態が好転しやすいです。ストレス発散法は、とにかく汗をかくこと。ジムやヨガ、スポーツ、ジョギングなど、身体を動かすと気分が晴れやかになるでしょう。激辛料理を食べるのも効果的。

月が 双子座

人の話を聞く／長話

　スランプ脱出のカギは、他人から手に入ります。それは隣の部署の人やSNSのフォロワーなど、意外な人の何気ない発言がヒントに。耳までふさぎ込んでしまわないように。ストレス発散法は、とにかく長くしゃべること。通話や音声SNSで相手をしてくれる人を確保しておきましょう。

月が 牡牛座

吟味する／上質な食事

　スランプ脱出のカギは、焦らないこと。慌ててもミスを重ねるだけ。ピンチの時ほど、じっくり時間をかけて。何か1つうまくいけば、ガラッと流れは変わるでしょう。ストレス発散法は、ちょっとリッチなレストランに行ったり、高級食材を取り寄せたりして、グルメを堪能することです。

月が 蟹座

身近な人を頼る／家でのんびり

　スランプ脱出のカギは、家族や同じ部署の人など、いつも一緒にいる人の言葉。遠慮せず、相談してみるのが早いです。客観的なアドバイスに、ハッとするかも。ストレス発散法は、家でのんびり過ごすこと。何も考えず、食事や入浴、睡眠の時間を長めにとって。ぼーっとする時間も必要。

月が ♌ 獅子座

憧れの人の言葉／遊ぶ

　スランプ脱出のカギは、業界の有名人や尊敬する上司など「憧れ」の人。その人のアドバイスや、メディアで発信している言葉や姿勢が、前向きにさせてくれそう。ストレス発散法は、とにかく遊ぶこと。エンタメ施設で身体を動かしたり、カラオケで大声を出したり、激しいアクションが◎。

月が ♍ 乙女座

活字を読む／本のある場所へ

　スランプ脱出のカギは、本や新聞、ネットニュースなどの活字を読むこと。じっくり見ていると、重要な文字が浮かび上がってくるはず。集中力も高まり、自分のペースを取り戻せます。ストレス発散法は、図書館や書店併設のカフェなど、本に囲まれたスペースで精神的デトックスが可能。

月が ♎ 天秤座

異性と話す／美容ケア

　スランプ脱出のカギは、異性の同僚や関係者からのアドバイスにあるでしょう。自分にない視点が、事態打破のきっかけになるので、積極的にコンタクトを取ってみて。ストレス発散法は、自分の見た目を磨くこと。エステやネイルサロンなど、美容ケア施設でリフレッシュできるタイプです。

月が ♏ 蠍座

長いつき合いの人の話／睡眠

　学生時代からの親友やパートナー、ずっと同じ部署の人など、あなたをよく知っている人にアドバイスを求めてみて。具体的な解決策を提示してくれそう。ストレス発散法は、睡眠の質を高めること。オーダーメイドの枕を作ったり、睡眠前にストレッチをしたり。時間も長めがベター。

月が ♐ 射手座

出先での発見／神社仏閣巡り

　スランプ脱出のカギは、「外」にあります。煮詰まった時こそ、外回りで情報収集に努めて。特に、遠いところはヒントが満載。出張先やプライベートでの旅先、他部署への遠征などでの発見が活きるはず。ストレス発散法は、神社など歴史を感じる施設を巡ること。気持ちが浄化されるはず。

月が ♑ 山羊座

過去を探る／骨董品収集

　スランプ脱出のカギは、過去にありそうです。旧友や過去の同僚の話、昔のデータが役に立つことがありそう。一度立ち止まって、後ろを振り返る時間だと思って。ストレス解消法は、アンティーク品や骨董品など、価値が続くものにふれることで、自然と心が癒やされるでしょう。

月が ♒ 水瓶座

常識から外れてみる／動画を見る

　スランプ脱出のカギは、視点を変えてみること。「これだけは間違っていない」というものこそ、このタイミングで一度疑ってみて。常識の外側に、未来を切り開くヒントがあるようです。ストレス発散法は、おもしろ動画やSNSでバズっている動画を漁ること。視野を広げる効果も。

月が ♓ 魚座

非科学的なこと／水族館

　スランプ脱出のカギは、ファンタジー作品や占いなど、非科学的なもの。それがきっかけで、思考が活性化し、結果的に現実世界に好影響を与えることがあります。直感を頼るのも重要。ストレス発散法は、水族館や映画館など、薄暗いエンタメ施設。非日常空間で、パワーチャージできそう。

（自己分析）**41** 職場での嫉妬・怒りの対象と
その向き合い方って？

①早見表A
火星：獅子座

自分の怒りのポイントである火星の星座。その反対、つまり180度に位置する星座から、嫉妬や怒りの対象となる人と、その向き合い方も見えてきます。職場での人間関係のヒントに！

📢 分析のしかた

① 早見表Aから、**火星の星座**を確認。
② アスペクト表から、①と180度の星座をチェック！

②アスペクト表
獅子座の180度
→水瓶座

ハルコの場合：水瓶座

火星の180度が 牡羊座

空気を読めない人／スルー

後先考えず、自分の言いたいことを言って、好きなように振る舞うタイプ。しかもその後のフォローはいつもあなた任せなので、怒るのも無理はありません。でも、人を変えるのは難しいこと。ストレスをためるくらいなら、いっそフォローしないで。意外とそれで問題なかったりします。

火星の180度が 牡牛座

鈍感な人／放っておく

マイペースに、ものを言ったり行動したりするタイプ。そういう人を見ていると、ヒヤッとします。そして、失敗している姿に「言わんこっちゃない」と怒りを感じたり。でも、その人は見た目よりずっとタフ。そもそもあなたが心配して、やきもきする必要はあまりないのかもしれません。

火星の180度が 双子座

お調子者な人／先入観を捨てる

他愛もない雑談ではしゃぎ、その場のノリとフィーリングで生きているようなタイプ。彼らのちょっと品のない会話は、あなたには耳障りかもしれません。でも、本来のあなたは、どんな存在にもリスペクトできる点を見出し、探究心を燃やせる人。先入観を捨てて、一度話をしてみて。

火星の180度が 蟹座

結論のない話をする人／とりあえず頷く

日常のどうでもいい話や、とりとめのないグチ。少しせっかちなところのあるあなたには、そんな会話がストレスかもしれません。一方、相手が求めているのは「共感」。結論を急ぐのではなく、「うんうん」と聞いてあげて。それが相手に満足してもらい、話を早く切り上げる方法です。

火星の180度が 獅子座

自己中心的な人／あえて味方にする

いつも自分が真ん中で、誰よりも大事にされていないと気がすまない。そんな人はあなたにとって一番理解できない相手。ですがその人は王様を気取るだけあって、意外にもリーダーシップと頼りがいがありそう。よき協力者になってくれるかもしれません。敵対するより味方にしては？

火星の180度が 天秤座

キャピキャピした人／ペースを守る

職場に必要以上のおしゃれをしてきたり、無駄に愛想がよかったりする人は、実力主義のあなたからすると「ぶりっ子」に思えてしまうのかも。でも、あなたにはあなたのやり方があるのですから、外野を気にせずマイペースに過ごすのが一番。イライラにエネルギーを使わないことです。

火星の180度が 射手座

理想ばかり言う人／真に受けない

理想論を振りかざすわりに、言うだけ言って後は知らんぷり。この手の無責任なタイプには、「それができたら苦労しない」と腹が立つでしょう。しかしそう感じるのなら、あなたには現実的な思考回路が備わっているということ。そういう人と割り切って、相手にしない作戦が効果的です。

火星の180度が 水瓶座

反抗的な人／余裕を見せる

例えば立場的には下、もしくは対等のはずが、何かと噛みついてきたり、上から目線の態度を取ってきたり。でもそれはあなたが憎いからではなく、嫉妬しているのです。あなたのほうから歩み寄ってあげると、態度が改善するかも。怒りを表すのは、少し様子を見てからでも遅くなさそう。

火星の180度が 乙女座

か弱いふりをする人／自由に振る舞う

あえて弱さを見せる人に、「心の中で舌を出している」ような、嫌な感じを受け取るのかも。けれどその人のことが気にさわるのは、あなたが少し、まじめすぎる可能性もあるでしょう。たまには優等生の鎧を脱ぎ、好きに振る舞ってみて。嫌いな人のことが、不思議と気にならなくなるはず。

火星の180度が 蠍座

思い込みの強い人／仕事を与える

頼まれてもいない「余計なこと」をして、空回り。あるいは誰かに意地悪をされていると思い込み、暴走するなど。そんな姿に思わずイラッとしてしまいます。でも、相手は「役に立とう」と必死なのかも。仕事を頼んであげるなど、あなたのほうから関わってあげることで、改善しそう。

火星の180度が 山羊座

ドライすぎる人／周りを見渡す

その人は競争思考で、仲間とか横のつながりがピンとこないタイプ。しかも結果重視なところが、「過程も評価してほしい」あなたからすると、そういう性格も含めて苦手なのでしょう。でも、あなたには相手よりもたくさんの仲間がいるはず。そのことを思い出せば、溜飲も下がるのでは。

火星の180度が 魚座

ロマンのない人／頼ってみる

物事を白黒はっきりさせるよりは、何色かわからないまま大事にしまっておきたい。そんなあなたにとって、その人はロマンを壊す存在なのかも。しかし、相手はその力で仲間に貢献しているよう。排除ではなく大事にしてあげることが、あなたを含めた全体の幸せにつながりそう。

自己分析 42 私はどこまで仕事に ストイックになれる？

③アスペクト表
獅子座／乙女座：30度

②早見表A
土星：乙女座

①早見表A
火星：獅子座

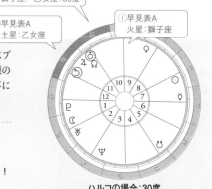

仕事にのめり込む、うまく力を抜く、適度にプライベートを充実させるべきタイプなど。試練の土星と闘争心の火星のアスペクトから、仕事に対するベストな「力加減」を分析。

📖 分析のしかた ……………

① 早見表Aから、火星の星座を確認。
② 早見表Aから、土星の星座を調べる。
③ アスペクト表から、①と②の角度をチェック！

ハルコの場合：30度

火星と土星の**角度**が

 0度

超ストイックで諦めない

どこまでもストイックになれる素質の持ち主です。あなたは目標達成のためなら、己を犠牲にできるタイプ。他の人なら「もう諦めよう」となり、周りも「仕方ないな」と思うようなシーンでも、音を上げることはあまりありません。「どこまでやるか？」、その答えは「必要ならばどこまでも」なのです。自分を律する力があり、甘い誘惑や怠け心にも負けることはない、強い意志を持っているでしょう。まるで鍛え上げられた特殊部隊のような、ストイックさを持っています。

火星と土星の**角度**が

 60度

無自覚にストイック

「ストイック」という言葉には興味がないでしょう。あなたにとって自己鍛錬は当然のことで、そもそも「ストイックになる」という考え方にピンとこないのです。けれど、周囲から見るあなたは、自分を追い込むことを苦にしない、アスリートのような人。コツコツと何かのトレーニングをしていたり、技術を磨いていたりするタイプです。さらに、そんな自分を鼻にかけるようなことはなく、むしろ無自覚。「こんなものは努力のうちに入らない」と考えているでしょう。

火星と土星の**角度**が

90度

不遇や逆境下でストイックに

　非常にストイックになれるでしょう。あなたは少年漫画の主人公のように、悔しさやコンプレックスをバネに、人並み外れた努力ができるようなタイプです。現状に満足せず、常に上を目指して進み続ける。そんな生き方ができる人です。そのため、リスク回避型の人生を送るのは、せっかくの成長のチャンスをふいにしてしまっているようなもの。自分は逆境の中にあってこそ成長できるのだと、覚えておいて。また、つい自分だけでなく他人にも厳しくなりがちな傾向も。

火星と土星の**角度**が

120度

適度に力を抜くタイプ

　ストイックという言葉にあまり縁がありません。このタイプはある程度整った環境にいることが多く、そもそも「ストイックになる必要がない」と感じているかも。あなた自身は要領がよく、周りの人に助けられながらうまくやっていくタイプ。つまり、適度に力を抜いて効率よく目標を達成する才能に恵まれています。自分を犠牲にするような努力をするのも、泥水を啜るような苦労をするのも、苦手。そんな思いをしなければ手に入らないものは、そもそも欲しがらないでしょう。

火星と土星の**角度**が

180度

ピンポイントでストイック

　そこそこストイックになれる性質。いつものあなたは、ストイックな世界とは距離を置いている風ですが、ここぞという時にはしっかり努力できるタイプ。例えば、勉強しているそぶりがないのに、毎回テストで高得点を取る学生と言えばイメージしやすいかもしれません。努力している姿を周囲に見せないのが特徴、とも言えます。そもそも要領がよく、短時間でポイントをつかむのがうまいあなた。力の入れどころだけ押さえておけば、365日ストイックでいる必要がないのです。

火星と土星の**角度**が

30度　**150**度

ストイックになることはあまりない

　ストイックさとは距離を置くタイプ。目標のために努力する、という考え方をしない性質です。自分を追い込んだり、あえて負荷をかけたりするようなことは、できるだけ避けて通りたいと考えるはず。当然、そういうことが要求されるような状況になった時、苦労することもあるでしょう。全力を出すコツは、「どうしても努力しなければならない局面」だと腹をくくること。期間限定と思えば、自然と集中力が高められます。一度、本気で取り組んだ経験が、人生を変えるかも。

自己分析 43 私って緊張しやすい？ 勝負所での力の出し方

大事なプレゼンやイベントなど、あなたの職務の中での「大舞台」。そこでどう感じやすいか、どう振る舞うといいか。「公」の太陽と「私」の月の角度から見えてきます。

📣 **分析のしかた**

① 早見表Aから、太陽の星座を確認。
② 早見表Aから、月の星座を調べる。
③ アスペクト表から、①と②の角度をチェック！

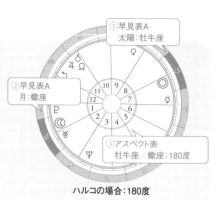

①早見表A
太陽：牡牛座

②早見表A
月：蠍座

③アスペクト表
牡牛座／蠍座：180度

ハルコの場合：180度

太陽と月の角度が

 0度

普段と変わらない／いつも通り

ほとんど緊張しないタイプです。あなたには自分をよく見せようとか、うまくやろうという気持ちがないよう。その裏表のない性格のおかげで、本番で変に力まずにすむのかもしれません。勝負所でも、普段通りの自分でいるのがベスト。何か特別なことをする必要はなく、「いつもと同じ準備をしていく」といいでしょう。慣れないメイクをしたり資料を小難しくしたりといった特別なことは裏目に出るかも。まっすぐすぎて視野が狭くなりがちなので、その点にも注意。

太陽と月の角度が

 60度

気持ちをコントロールできる／隠し技

あまり緊張しないタイプです。というのもあなたは、気持ちを切り替えるのが上手だから。実は人並みに緊張しているのですが、それをうまくコントロールできるのです。そのせいで周りからは、あまり緊張しない人に見られているでしょう。勝負所では、「隠し技」を披露するようなやり方が効果的です。例えば、プレゼンの時、「実はこんなスキルがあります」とアピールしたり、「実はこんな人と知り合いです」と人脈を活かしたり。オリジナリティを出すのが、勝利のカギ。

太陽と月の**角度**が

90度

緊張しやすい／中途半端を避ける

緊張しやすいタイプです。普段のノリと、勝負所で出てくる自分がまったく違うあなた。例えば、いつもはおちゃらけた人柄なのに、いざ本番になると変にかしこまってしまう失敗、というようなイメージ。ここぞという時に、なかなか力を発揮できないかもしれません。ただし、本気で追い込まれた時には「火事場の馬鹿力」とでもいうべき強い力が出せるよう。変に緊張を和らげるより、とことん追い込んでもいいかも。緊張している時こそ、チャンスと捉え、チャレンジあるのみです。

太陽と月の**角度**が

180度

適度な緊張感／波に乗れば強い

緊張しやすいタイプです。けれどあなたの場合は、それがいい意味でのストレスになるでしょう。普段のノリと、勝負所で出てくる自分がまったく逆のあなた。本番でスイッチが入るまで、多少時間がかかるかも。しかし一度「回路」がつながりさえすれば、自分の内側から、より奥行きのある能力を引き出すことができます。勝負所ではこの力が切り札。自分は本番に強いタイプで、緊張はスイッチを入れるための負荷と捉えて。大舞台だからこそ、ビッグチャンスをつかめます。

太陽と月の**角度**が

120度

全然緊張しない／勝利への執念

ほとんど緊張しないタイプです。いつもリラックスした状態で、勝負に臨むことができるあなた。ただしあまりに緊張しないせいか、実力があるのに気がゆるんでしまいがち。そのせいで、例えば追い込んでいたライバルに、肝心なところで抜かれてしまうような恐れがあるでしょう。つまり、このタイプの人は、意識の底で「別に負けてもいいや」と思っていて、そこが弱点とも言えます。ある意味無敵ですが、ここぞという勝負所では気持ちを切り替えないと勝てません。

太陽と月の**角度**が

30度 **150**度

過度な緊張／公私の統合

非常に緊張しやすいタイプです。公の自分とプライベートの自分がまったく違っているあなた。そんな二面性を隠そうとすることが、緊張の主な原因です。例えば面接の時、踏み込んだ質問をされてパニックになったり、プライベートで出せる明るい部分も上司や顧客の前で過度に隠したり。「公的な場でもプライベートの自分を出していく」練習が必要。いつもは周囲に見せないあなたを少しずつ出すことです。表と裏が統合されていくに従って、緊張もゆるやかになっていくはず。

44 私の新しい働き方への対応力って？

　出社しない働き方やオンラインシステム。急速に変わりゆく「働き方」にどう対応できるか。技能の水星と、先端技術の天王星の角度から分析してみましょう。

📣 分析のしかた

① 早見表Aから、水星の星座を確認。
② 早見表Aから、天王星の星座を調べる。
③ アスペクト表から、①と②の角度をチェック！

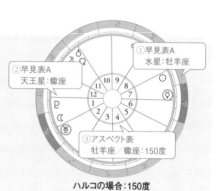

①早見表A
水星：牡羊座

②早見表A
天王星：蠍座

③アスペクト表
牡羊座／蠍座：150度

ハルコの場合：150度

水星と天王星の角度が

0度

対応力は抜群！

　新しいシステムを積極的に取り入れたいタイプで、既存のやり方が変わっていくことに、むしろ喜びや希望を感じるでしょう。特に、オンライン化への対応は◎。自宅をすぐに、会社と同じ環境にできるタイプ。働き方がルーティーン化して、マンネリ気味になっているとモチベーションも下がります。ただ、あまり急速に変化を推奨したり求めたりしても、周囲と温度差が生まれるかもしれません。あなたが先頭に立ちつつ、チームに変化を促す役割になる可能性も。

水星と天王星の角度が

60度

改革にポジティブ

　新しいものを取り入れることによるメリットに目を向け、「まずはやってみよう」というタイプ。「あの会社ではこういうやり方で効率が上がったらしい」「このツールが使い勝手がいいらしい」など、リサーチしてチームに提案するタイプ。職場の働き方改革に貢献するでしょう。何より、新しい風を取り込むのが好きなのです。ただし、その弊害や注意点から目を逸らしがちな傾向も。「お試し期間」を設けるように提案すると、組織側や上司も受け入れやすくなるはず。

水星と天王星の角度が

 90度

少し苦労してしまう

　基本的に、急な変化には戸惑ってしまうタイプ。とはいえ、対応力が低いわけではなく、スロースターターなだけ。段階を踏んで、徐々に慣れていくでしょう。やや保守的な性質で、大きなきっかけや働きかけがなければ、自発的に働き方改革をしようとはしないはず。古い慣習や「いつものやり方」に、効率の悪さを感じながらも、居心地よく感じてしまうのでしょう。アナログ派気質で、特にチャットツールやオンライン会議などの初期段階は苦手意識を感じるかも。

水星と天王星の角度が

 120度

柔軟に対応できる

　前例がなかったり、慣例から外れたりしても、メリットが大きいのなら、当たり前に取り入れる。そんな柔軟な姿勢の持ち主。そもそも、効率的に進めたいタイプなので、オンライン化や不要な会議の廃止など、改革に積極的。ただし、やや改革過激派になりがちな面も。仕事を円滑にすることより、働き方を改革することを目的にしてしまうパターンです。本当に必要な手作業や会議、効率的ではないからこそ生まれるものがある作業などまで、排除の対象にする必要はありません。

水星と天王星の角度が

 180度

いっそガラリと変えてしまう

　比較的、新しい働き方に対応できます。また、それをきっかけにライフプランを変えてしまうという対応をするのもこのタイプ。例えば、完全テレワーク化が導入されたことで、居住地を郊外に移したり、転職を考えたり。思い立ったら極端に反応する性質があるので、良くも悪くも、働き方改革＝人生プランの見直しとなるのでしょう。また、意外と個人で動けるということを知って、独立を試みたり、副業に力を入れたり。迷っている人には、いいきっかけに思えるはず。

水星と天王星の角度が

 30度 **150**度

変化に苦手意識が……

　オンライン化や新しいシステムの導入など、新しいものへの対応は結構苦労するタイプ。むしろ、それに対抗するかの如く、旧式の精度を高めようと思うかもしれません。特に電子機器系への対応は億劫。電話やメールといった旧来のツールに固執しようとして、周囲と足並みがそろわないことも。刷新すべきでない、職人の技や細かい機微が結果を左右する作業を守る役割も担います。先入観に縛られないで、「古きよきものを活かすために、新しいことを試してみる」と◎。

自己分析 45 私の1日を締めくくる 最高のご褒美って?

期待や報酬を表す木星が、働くあなたのモチベーションを保つための習慣を伝授! 何のために働いているのか……なんて思った時は、これを心の拠り所にしてみて。

📖 **分析のしかた**

① 早見表Aから、木星の星座をチェック!

① 早見表A
木星:乙女座

ハルコの場合:乙女座

木星が ♈ 牡羊座

新作のスイーツ

新作や新商品のもの、「初めまして」の人など、今までのあなたの世界になかったものとの出会いに胸が躍ります。それを手に入れるために、しっかり働こうという気持ちに。1日の終わりには、新作のスイーツ、1週間の終わりには新作の舞台や映画など、定期的なご褒美を設定すると◎。

木星が ♉ 牡牛座

香りのいいアロマ

五感を満たすことがパワーチャージ。帰って香りや肌ざわりのいいものがあるなら、頑張れるはずです。リッチなバスソルト、上質な寝具、シルクの肌着など、癒やしアイテムを増やしていきましょう。インテリアのセンスもよく、自分の部屋をグレードアップさせるのがモチベーションに。

木星が ♊ 双子座

SNSやブログの更新

今日の出来事を、自分の言葉で誰かに聞いてもらうのが密かな楽しみ。そのリアクションに、元気をもらったり、逆に反骨精神を養ったりするのです。その「ネタ」を探す必要があるので、日々の仕事に一工夫入れたり、多様な人とコミュニケーションを取ったり、いい影響が。日記も好相性。

木星が ♋ 蟹座

湯船に入る&子犬の動画

湯船に浸かって、じっくりと疲れを落としたり、1日を振り返ったりする。この時間がないと、どんどんストレスをためてしまうかも。入浴剤やシャンプーなどは、ケチらず高価なものを選んで。また、「子」も心の癒やし。自身の子どもはもちろん、兄弟の子や子犬の動画を見るなども◎。

木星が 獅子座

個人経営のレストラン

　プレミアムな体験が、あなたのモチベーションに。会社の近くにある、知る人ぞ知る名店や、ここでしか手に入らないというアイテムをそろえるセレクトショップを探すなど。この会社だから、この出会いがあった、というものとふれるのが吉。特に、夕食に手を抜かないことが大事です。

木星が 天秤座

おうちでできる"美活"

　ネイル、ヘアケア、顔パックなど、「自分が美しくなっていく時間」を作ると、安心して眠ることができ、翌日のモチベーションにもつながります。少しリッチなケア用品がご褒美に。また、1日の終わりに、気になるメイクやファッションアイテムをリサーチするのも、心落ち着くひと時。

木星が 射手座

お出かけの計画

　休日に出かける場所をリサーチしたり、旅行の計画を立てたり。その予定が、日々を頑張るモチベーションになるタイプ。大げさなことではなくても、例えば、「明日の仕事終わりに〇〇駅の辺りを探索してみよう」といったようなプチ冒険を日常に取り入れるといいでしょう。

木星が 水瓶座

お笑い動画を見る

　「笑うこと」で、身も心も癒やされるタイプです。ユーモラスな動画を見たり、ウィットに富んだ会話を楽しんだりしたいはず。そのチャンスはSNSやネット上に多いかもしれません。音声SNSでの会話もいいリフレッシュに。「笑わせる」こともモチベーションにつながるでしょう。

木星が 乙女座

ボディケア

　平日なら、ちょっといいボディクリームを使ったり、じっくりストレッチやヨガをしたり。週末はリラクゼーション施設に向かうのもいいでしょう。ボーナス月に健康アイテムを買うなど、美容や健康が一番のご褒美であり、仕事を続けるためのコンディション維持にもつながります。

木星が 蠍座

プチ夜更かし

　夜が深まると共に答えのないことに思いを馳せたり、趣味に没頭したりする時間があると、日々の充実感がグッと増します。ホラーやオカルトなど、少しスリルのある動画や、ちょっとドロドロした展開のドラマなどを見ると、気分転換に。休日の前の日は、目覚ましをかけずに寝ると◎。

木星が 山羊座

老舗の和菓子

　伝統にふれるとパワーチャージできます。仕事中は気が張り詰めているタイプなので、甘いものでリラックスを。老舗の和菓子や伝統的なスイーツがご褒美になるはず。そのちょっとした癒やしが、断続的な緊張を一時停止させるため、実は絶大な効果が。休日は伝統芸能にふれて。

木星が 魚座

VRの映画を見る

　仕事で疲れたら、いかに現実から離れられるかが重要。非日常空間でリフレッシュできます。例えば映画館。おうちの中にスクリーンやVR機器を導入できると◎。いつでも逃げ込める仮想空間を持っておくと、仕事でも悲観的にならずにすみます。「感動する」「泣ける」作品がおすすめ。

（自己分析）**46** 私はお金を
"どう"使うタイプ？

　自分は普段"どう"お金を使うタイプなのか。どれが正しいということはありませんが、傾向を知っておくと、ストレスなくお金と向き合えるはず。財産の2ハウスがヒントに！

☞ 分析のしかた
① 早見表Bから、2ハウスの星座をチェック！

> ① 早見表B
> 2ハウス：蠍座

ハルコの場合：蠍座

2ハウスが 牡羊座

向こう見ずタイプ

　見栄を張ってブランド品を買ったり、後輩に奢ったり。一目惚れで高額商品を衝動買いすることも。「今」の気持ちを最優先でお金を使うでしょう。キャッシュレスにしても、残額など確認せずにどんどん決済してしまうタイプ。貯金はあまりできず、ある分使ってしまう傾向に。

2ハウスが 双子座

自己投資タイプ〜知識型〜

　貯蓄のための投資ではなく、自分のスキルアップのための投資。成長の引換券としてお金を使います。そのため、身の回りのものにはあまりお金をかけず、その分、セミナーや講演会、本などにお金を使うなど、メリハリがあるタイプです。好奇心にかられると、後先考えなくなります。

2ハウスが 牡牛座

財テク賢人タイプ

　お金は使うものというより、増やすものという意識があるでしょう。単に貯めるだけではなく、結婚式の費用、子どもの教育資金、老後の資金など、細かく想定して貯蓄できる賢い性質。投資にも適性があり、また、無駄なものにお金を使いません。倹約家であり、ケチと思われることも。

2ハウスが 蟹座

感情に左右されるタイプ

　気持ちが落ち着いている時は、堅実で質素な使い方をします。しかし、不安やイライラを抱えている時は、浪費でストレスを発散することも。収支の安定感が、感情の波とリンクしているのです。また、同情心から人にお金を貸したり、不要な投資をしてしまう恐れもあるので冷静に。

2ハウスが 獅子座

休日特化タイプ

普段は節約して、休日にレジャーやイベントに派手に使う。トータルで貯金はしない。そんな、「遊び」に本気の使い方です。芸術やエンタメ関連にかけるお金は、いちいち計算しません。レアアイテムなど、人と違ったものにお金をかけて個性を出そうとする傾向もあります。

2ハウスが 天秤座

自己投資タイプ〜美容型〜

お金を使って、お金を増やそうというタイプ。まず、見た目から信頼や人気を得るために、ファッションや美容代に重きを置きます。交際費も惜しみません。その分、貯蓄しづらいタイプですが、使ったお金で得た「縁」から生まれるお金のほうが多いだろう、という計算をするでしょう。

2ハウスが 射手座

どんぶり勘定タイプ

良くも悪くも、細かい収支を気にしません。レシートや給与明細を見ることもあまりないかも。旅行や本などに無計画にお金を使う傾向。基本的にその場しのぎなので、「なぜお金が貯まらないんだろう」と思いつつ、「まあ、いつか貯まるだろう」と先送りするタイプ。ルーズな一面も。

2ハウスが 水瓶座

革新&博愛タイプ

基本的にキャッシュレスで、新しいシステムをどんどん取り入れます。普通とは違う大胆な傾向もあります。例えばローンを組まずに、必死に貯めて一括で家を購入したり、博愛的な部分も相まって、結構な額の義援金を送ったり。お金そのものには、あまりこだわりがないタイプです。

2ハウスが 乙女座

管理徹底タイプ

家計簿アプリを使ったり、マメに記帳したり、財務状況を「可視化」して、普段の使い方の計画を立てるしっかりものタイプです。収支状況を分析するのも好きで、安定した運営をします。自分よりも、他人のためにお金を使いたい傾向にあり、食事会やギフトには奮発するかも。

2ハウスが 蠍座

後進に遺すタイプ

自分の将来のためではなく、後進のためにお金を貯めておこうとするタイプ。例えば、自分の子どもやパートナー、あるいは、自分が研究している分野の新鋭、携わってきた組織や業界の発展のためなど。お金＝自分の大切なもののお金という感覚なので、執着心も強くなります。

2ハウスが 山羊座

悲観的倹約家タイプ

ぜいたくや無駄をシビアに排除しようとします。「そんなことをしていたら、老後は暮らしていけない」「いつ仕事がなくなってもおかしくない」など、悲観的。ライフプランに基づき管理を徹底し、極力貯金に回します。貯金がある程度増えると、ようやく投資などの選択肢が出てきます。

2ハウスが 魚座

よくわからず使うタイプ

特に、後先考えずに交際費に消えていくかも。飲み会、女子会、送別会など、会食の時は、予算を決めておくのがベター。お金の貸し借りにルーズなところも。怪しげなセミナーや使いどころのない通販商品にお金を使ってしまったり。そもそも貯金額を把握していない、なんてことも。

自己分析 47 私はお金を "何に"使うタイプ？

普段の使い方とは別に、長期的なお金とのつき合い方も把握して、そのギャップを自覚しておくと、上手な金銭管理ができるはず。今度は、2ハウスの星座の支配星のハウスに注目！

③早見表A
火星：11ハウス

②支配星一覧
蠍座：火星

①早見表B
2ハウス：蠍座

👉 **分析のしかた**

① 早見表Bから、2ハウスの星座を確認。
② 支配星一覧から、①の惑星を確認。
③ 早見表Aから、②のハウスをチェック！

ハルコの場合：11ハウス

2ハウス星座の 支配星が　1　ハウス

自分のために使うタイプ

　自分が着るもの、自分が食べるものには思い切りよくお金を使います。一見すると無計画ですが、目的のためなら長期的な資金作りもできるタイプです。例えば歯列矯正のような、時間もお金もかかる自己投資は惜しみません。一方、他人にお金を使うのは苦手でしょう。

2ハウス星座の 支配星が　3　ハウス

情報収集のために使うタイプ

　本や雑誌、通信機器が主な課金先。とりわけスマホはいい機種、いいプランを選びがちなので、固定出費も大きそう。情報商材などにも手を出しがち。しかし、普段は高価なものに興味はなく、最終的にはプラスマイナスゼロ。長期的には、足りなくなってきたら考えるタイプです。

2ハウス星座の 支配星が　2　ハウス

貯めて高価なものに使うタイプ

　基本的にはとても堅実で、日々の生活費から趣味代まで無駄遣いしないよう厳しく自制しているでしょう。でも、たまに自分へのプレゼントで少し高価なものを買ったり、大人買いしたりする程度はよしとしていそう。長期的にはコツコツ貯蓄型で、貯めることそのものが好き。

2ハウス星座の 支配星が　4　ハウス

家や身内のために使うタイプ

　パートナーや家族においしい料理をごちそうしたり、旅行に連れて行ってあげたり。長期的にも子どものために貯金をしたり、不動産を買って資産運用をしたりと、家族のために動きます。そうでなければ自宅にお金をかけたがり、家具や内装にこだわりを注ぐでしょう。

2ハウス星座の支配星が **5** ハウス

娯楽に使うタイプ

テーマパークの年間パスポートを買ったり、趣味に投資したり。子どもができれば子どもにお金をかけます。問題はギャンブルや株に悪い形でハマってしまった時で、思いもよらぬ大金を失うことも。長期的な積み立ては苦手で、宝くじなどで「一発当てたい」感覚が強いかも。

2ハウス星座の支配星が **6** ハウス

大切な人のために使うタイプ

貢ぐ、という感覚にピンとくるかもしれません。いつもはいたって健全な金銭感覚の持ち主なのに、大切な人のこととなると財布のひもがゆるみがち。度がすぎて、その人との関係を壊さないよう注意しましょう。健康にもお金をかけますが、長期的には手堅く、貯蓄型と言えます。

2ハウス星座の支配星が **7** ハウス

パートナーのために使うタイプ

相手のことを思いながら、センスのいいギフトや自身の美容関連にお金を使います。ただし、平等なつき合いを望んでいるため、貢ぐ・貢がれるの形にはなりません。奢ったり奢られたりするのも苦手。割り勘だと安心します。堅実志向で、長期間にわたりパートナーと貯蓄を行うかも。

2ハウス星座の支配星が **8** ハウス

人生の充実のために使うタイプ

本来は老後のことを考え、しっかりと貯蓄をするタイプ。ですが、一度何かにのめり込むと、さあ大変。アイドルの追っかけやコレクションに目覚めるなどして、全財産を捧げる勢いでお金をつぎ込んでしまうかも。ニッチな分野に投資することも。期間も長期的になりがちです。

2ハウス星座の支配星が **9** ハウス

冒険のために使うタイプ

旅行や体験にお金をかけるタイプで、そういった「ときめき」を味わうためならお金に糸目をつけません。当然、貯めるのは苦手で、そもそも老後のためにお金を残そうという考えもないでしょう。ただしクルージングなど旅行費のためなら、長期的に貯められます。

2ハウス星座の支配星が **10** ハウス

自己投資のために使うタイプ

例えば通勤カバンやスーツといった仕事道具。あるいは、キャリアアップのためのセミナーや講演会などには、お金を惜しみません。一方、それ以外のことではかなりの倹約家で、周囲からケチと囁かれているかも。長期的なお金の使い方もしっかりしていて、老後の備えはばっちり。

2ハウス星座の支配星が **11** ハウス

仲間のために使うタイプ

例えば仲間たちとお金を出し合い、地域貢献や支援をすること。そういうお金の使い方に意義を感じるタイプです。困っている人にお金を使うのです。ところで、本人にはあまりお金を残そうという意識はありません。それでもしっかりとお金が貯まっていくという、不思議な金運の持ち主。

2ハウス星座の支配星が **12** ハウス

現実逃避に使うタイプ

映画やアニメグッズなど、趣味にお金を注ぎ、ストレスを発散。スピリチュアルグッズに大金を使ってしまう恐れも。高額セミナーにハマるのもこのタイプです。そもそもお金にルーズで、貯めるのも苦手。「よくわからないうちにお金が消えている」という感覚で暮らしています。

48

私に向いている
お金の稼ぎ方って?

　自分に合った「稼ぎ方」は、ライフプランの参考に。潜在能力を意味するドラゴンテイルの星座を意識すれば、「やりがい」はさておき、「お金」に困らないとされています。

▶ 分析のしかた

① 早見表Aから、ドラゴンテイルの星座をチェック!

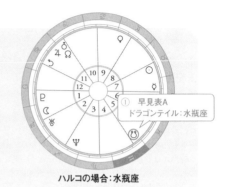

① 早見表A
ドラゴンテイル:水瓶座

ハルコの場合:水瓶座

ドラゴンテイルが 牡羊座

オリジナルを貫く

　自分のやり方やアイデアを純度100%に近いところで維持する。これが、あなたが稼ぐコツです。もちろん勇気やリスクがいることでもあります。しかし、個性を活かせるほど、大ヒット商品や「バズり」など、旋風を巻き起こしやすく、結果的にお金につながりやすい星回りでしょう。

ドラゴンテイルが 牡牛座

資産を運用する

　0から稼ぐことより、1あるものを10に増やすような才能があるタイプ。本業は堅実なもので、その資金をもとに、投資や副業マネジメントなどでどんどん増やせるタイプです。まだ縁がないのなら、ぜひ運用の勉強を始めてください。ファイナンシャルプランナーに相談してみるのもあり。

ドラゴンテイルが Ⅱ 双子座

人脈を金脈に変える

　知り合いを増やすほど、お金との縁も増えていきます。大きな仕事を紹介されたり、ヘッドハンティングで収入がグンと上がったり。狭い人間関係の中に閉じこもっていると、お金にはあまり恵まれないかも。特にSNSは金脈の宝庫です。情報力を得て、自分らしさをプラスするのが重要。

ドラゴンテイルが 蟹座

在宅ワーク

　家で働くことが、お金に直結。在宅勤務を推奨している会社なら、実力以上の成果を出して収入にも好影響。自宅をスクールにして何かを教える仕事や、小説家やライター業など、書斎が仕事場になるようなワークスタイルとも相性がいいです。また、不動産投資にも縁がありそう。

ドラゴンテイルが 獅子座

表舞台に出ること

　裏方ではなく、メインキャストとして働ける場所で才能が開花し、お金につながります。財界や芸能界など、華やかな業界に身を置くのもあり。ハイリスクハイリターンな稼ぎ方が向いている星回りです。「これは自分にしかできない」ということが、お金になると覚えておきましょう。

ドラゴンテイルが 天秤座

"美"を楽しむこと

　あなたの美意識には、お金を引き寄せるパワーがあります。例えば、独自のメイク術やコーディネート集が話題になって、商品開発につながったり、それがきっかけでフリーランスで稼げるようになったり。身なりをキレイにしておくと、お金をもたらす人と縁が生まれやすいでしょう。

ドラゴンテイルが 射手座

異文化を取り入れる

　外国の企業や人、文化がお金をもたらします。特に、語学力がお金に直結しやすいです。例えば、外国で話題の動画を翻訳して紹介したり、外国人とビジネスパートナーになって事業を展開したり。輸出入や旅行に関する事業とも相性◎。何事もグローバルな視点が重要です。

ドラゴンテイルが 水瓶座

ムーブメントを起こす

　例えば、情報を一気に広めるインフルエンサー的なポジションを目指したり、業界のトレンドとなるような手法やアイデアを出したり。「その視点は新しい」と思われることが、お金になるでしょう。勝負どころでは「裏をかく」意識を持つといいかも。会社という組織にこだわらなくてOK。

ドラゴンテイルが 乙女座

高精度のプランを立てること

　ずば抜けた「実行力」の持ち主。キャリアプランナーなど、プロの意見を聞きながら、できるだけ完成度の高いマネープランを立てるのが吉。投資など運用に関しては、その時々で見直しを。頭脳明晰なタイプなので、専門家の話を理解できるはず。学びの姿勢があれば、困らないでしょう。

ドラゴンテイルが 蠍座

何かを受け継ぐこと

　営業エリア、独自のシステム、研究分野、アイデアなど。何かを受け継いで、それを自分流に改善していくと、一気にお金につながる可能性を秘めています。途切れそうなものは、狙って引き受けたいところ。専門性が高いほど◎。また、遺産や土地の相続にも縁があるタイプ。

ドラゴンテイルが 山羊座

組織内で出世する

　基本的には、突飛なことはせずに、堅実に組織の中で評価を高めるほうがいいでしょう。独立するにしても、社会的地位を高めたり、業界への根回しをきちんとしてからだと、安定して高収入を得ることができそう。縛りがあるほうが、ポテンシャルを発揮できるタイプでもあります。

ドラゴンテイルが 魚座

意外な縁をたどる

　例えば、バーで偶然知り合った人と起業するなど、ミラクルが巡ってきやすいタイプ。大事なのは「この人となら何かできそう」という直感。組織の中でも、接点のない部署の人と協力して成果を出したり、盲点だった営業先を発掘したり。一見気づかないような場所に、お金が眠っています。

自己分析 **49** # 私が出し惜しみ
すべきでない出費って？

自分が一番価値を感じることを知れば、何に
お金を使うと満足できるかが見えてきます。牡牛
座のハウスから割り出す「価値を感じるもの」には、
出し惜しみしないで。

☞ 分析のしかた

① 早見表Bから、牡牛座のハウスをチェック！

※牡牛座がない場合は、1つ手前の牡羊座のハウス
をチェック！ 逆に牡牛座にハウスカスプが2つ
ある場合は、2項目が当てはまることになります。

①早見表B
8ハウス：牡牛座

ハルコの場合：8ハウス

牡牛座が 1 ハウス

自分自身への投資

　己の才能やスキル、容姿といったものに自信
がなくとも「私は私のことが好き」。そんな、無
邪気な自己肯定感が強みのあなた。自己投資に
お金を出し渋ると、人生は停滞するかも。プロ
グラミング講習やスポーツジムといった習い事、
エステなどに思い切りお金を使うといいでしょう。

牡牛座が 2 ハウス

資格、免許のためのお金

　資格や免許といったものに魅力を感じるよう。
検定マニアとか、資格コレクターの素質が。そ
れはあなたが、「自分の市場価値を高めること」
に価値を見出しているから。そのためのお金は惜
しまないこと。とはいえ資格を活かすより、ただ
コレクションすることが目的になる場合も。

牡牛座が 3 ハウス

交際費

　相手と言葉のラリーが続き、「最初が何の話だ
ったか忘れちゃったけど、楽しかった」という気
持ちになること。そういう瞬間が、かけがえのな
い喜び。そんな性格なので、人と会う、話すた
めならお金を惜しまないで。旅費や飲食代とい
った交際費は、奮発するほうが人生は充実します。

牡牛座が 4 ハウス

休息の質を高めるお金

　あなたにとって休みとは、仕事やプライベート
を頑張った後の「ご褒美」。最高の休みを味わう
ことが、人生の喜びなのです。だからこそ、質の
いい休息のためにはお金を惜しまないで。高級
なリラクゼーションや安眠グッズなどにお金を使
うと、ストレスを大幅に減らせるはず。

牡牛座が 5 ハウス

芸術にふれるためのお金

美術館巡りやレコード収集といった、芸術を愛するタイプ。「アート作品にお金を払うこと」に価値を見出しているでしょう。芸術系の習い事や、クラウドファンディングのような寄付にもお金を惜しまないで。それは、自分というキャラクターを深めるための投資なのです。

牡牛座が 6 ハウス

健康のためのお金

自分、あるいは大切な人の健康を保つため、それを確認して安心するためには、お金を出し惜しまないこと。生活習慣病の予防のためにジムへ通ったり、高価でもオーガニックの食材にこだわったり。働く環境も大切にしていて、自らお金を出して設備を整えるのも効果が大きいでしょう。

牡牛座が 7 ハウス

美容のためのお金

例えば人と会う前に美容院へ行ったり、服を新調したり。自分をスマートに見せるためなら、お金を惜しまないで。見栄っ張りなのではなく、それがあなたの中での「マナー」なのです。対等であることに価値を置いているので、場合によっては、相手に合わせてお金を使うことも大事。

牡牛座が 8 ハウス

愛するもののための出費

愛する人や趣味など、特定の何かのためのお金を惜しむと、お金は残っても人生の満足度は下がってしまうかも。例えば、キャラクターグッズを集めて「○○部屋」のような空間を作るような、1つくらい「お金を使いすぎる対象」があるほうが、イキイキと過ごすことができるはず。

牡牛座が 9 ハウス

知識欲を満たすためのお金

高価な書籍をポンと買ったり、高額なセミナーに参加したり。あるいは「社会人になってからもう一度大学に入り直す」といったことにも憧れます。つまり「学ぶこと」が大好きですから、そのためのお金は惜しまないで。ただし、高額な場合が多いので、計画性を併せ持つこと。

牡牛座が 10 ハウス

老後のための投資

「リタイア後の素敵な暮らしのため」なら、お金を出し惜しむ必要はありません。例えば若いうちに家を買ったり、株や投資で副収入を得たりしたとしても、それは今の自分ではなく、老後の自分のために使うと安心できます。どれだけ豊かな老後を送れるかが、幸せの1つの基準なのです。

牡牛座が 11 ハウス

未来への投資

次の世代を担う若者たちや、遠い未来の地球のことなどが気になるタイプ。そのため、貧困やエネルギー問題といった課題に対する、いわゆる「SDGs」な取り組みには大賛成。惜しみなく寄付したり、団体立ち上げにお金を使ったりすると、結果的に自分の人生が輝き始めることに。

牡牛座が 12 ハウス

空想の世界へ行くためのお金

バーチャルやファンタジーの世界は、「心のオアシス」。この無味乾燥なリアルより、ずっと価値のある存在なのかも。スピリチュアルなグッズを買い集めたり、同じ映画を見に何回も映画館へ通ったり。非日常空間の充実が、日常の充実につながるので、後ろめたさを感じないで。

50 私が得やすい副収入、向いている副業って？

お金を稼ぐ才能を教えてくれるドラゴンテイル。その"ハウス"では、向いている副業、副収入を診断できます。1つの職業に縛られずに、選択肢を増やしてみては？

📖 分析のしかた

① 早見表Aから、ドラゴンテイルのハウスをチェック！

① 早見表A
ドラゴンテイル：5ハウス

ハルコの場合：5ハウス

ドラゴンテイルが 1 ハウス

身体を動かす副業

自分自身が何かの見本となるような副業が向いています。ヨガやバレエ、ピアノの講師など。運動が苦手であれば、デッサンモデルのような仕事です。体力勝負の仕事とも相性がいいので、警備員、配達、調理師などでも稼げるでしょう。本業から近いところにも適性がありそう。

ドラゴンテイルが 2 ハウス

声を使った副業

例えばテレフォンアポインターのような電話接客業務。オペレーターもいいでしょう。ナレーションやキャラクターのセリフなど、声そのものを売る「ボイス販売」もあり。他にはハンドメイド作品の販売も向いていて、グルメリポーターや美容モニターも、収入につながりそう。

ドラゴンテイルが 3 ハウス

文章を書く副業

イメージしやすいのは塾講師や社会人講座の先生でしょう。あなたのスキルや経験を売ると収入につながりやすく、そういう意味では執筆業（作家）も向いています。書き仕事全般に適性があり、ライター業やアフィリエイトでも稼げそう。肉体労働が好きなら引っ越し業もあり。

ドラゴンテイルが 4 ハウス

家・家具に関する副業

不動産管理やハウスキーパーで稼ぐのが向いているでしょう。インテリアに関わるのもよく、自分で作って売ったり、輸入販売したり、ブログで好きに語って広告収入を得たりといろいろできそう。家は家でも庭のほう、園芸や盆栽を商売にするのもあり。週末農家もおすすめです。

ドラゴンテイルが 5 ハウス

趣味の延長線上にある副業

　あなたのオリジナリティが収入に直結します。イラストや漫画を描く、文章を書くというのはその代表例。ゲームが好きならプロゲーマーのような活動、YouTuberや、数字が好きであれば株やFXもいいでしょう。ただし儲かりそうだからとイヤイヤ始めたことでは稼げません。

ドラゴンテイルが 6 ハウス

何かをチェックする副業

　例えばデータ入力やアンケートモニターのような、内容確認の仕事。ヘルスケア系とペット系といった状態チェックも◎。前者だと医療事務や、ヘルパー。後者だとトリマーや酪農業など。ペットホテルのスタッフや、ペットシッターという手もあり。ペット用品の企画販売もいいでしょう。

ドラゴンテイルが 7 ハウス

アシスタント的な副業

　特に法律に関わる副業に縁があるでしょう。例えば法律事務所や、会計士事務所、裁判所。そういった場所のスタッフになったり、近くで働いたり。間違いを正すという意味では、テストの答案を採点するような仕事も◎。結婚相談所の職員やパーティーの司会業も向いています。

ドラゴンテイルが 8 ハウス

何かの代行をする副業

　例えば本人に代わってプランの見直しをする、保険代行業など。積み立てや資産運用のパターンもあるでしょう。各種コンサルティング業も含みます。その場にいない人に代わって何かを探す、探偵や覆面調査員、試験監督もあり。フリマアプリで稼ぐのも向いているでしょう。

ドラゴンテイルが 9 ハウス

観光・外国に関する副業

　例えばガイドのような仕事ですが、旅行に同行する添乗員のことだけではありません。自分の地元を観光客に案内したり、紹介記事を書いたり。フリーペーパーやグッズを作って売ってもいいでしょう。翻訳、通訳、輸入業にも向いています。神社の巫女のような神聖な仕事にも適性が。

ドラゴンテイルが 10 ハウス

人を集める副業

　そもそも副業でチマチマ稼ぐのは向いていないタイプという前提ですが、おすすめするとすればSNSのインフルエンサー。企業から案件をもらい、それを宣伝するような仕事です。どういう記事の出し方をすれば最も集客効果が高くなるのか、といった勘が働くからです。

ドラゴンテイルが 11 ハウス

不特定多数を相手にする副業

　副業というスタイルそのものに適性がある人ですが、とりわけ向いているのはカルチャー講師や、NPO団体と関わること。集団を相手にする仕事が収入につながりやすいでしょう。デジタル関係にも縁があり、自分でウェブショップを立ち上げるとか、プログラミングで稼げる人も。

ドラゴンテイルが 12 ハウス

感性を活かした副業

　例えば写真や動画編集、楽曲制作など。これらの販売で稼ぐことができる他、そういうものに携わる人のアシスタントという道もいいでしょう。パワーストーンなどのスピリチュアルグッズの販売も◎。占い師、人の心や身体をケアする介護士のような仕事も向いています。

CHAPTER

2

相性分析
15

実は、ホロスコープの真骨頂は相性も見れるということ。
気になるあの人のホロスコープ早見表を見たり、
自分のホロスコープと比べたりしながら分析を。
パートナー、友人、同僚……2人のベストな関係とは？

相性分析 51 私とあの人の波長・テンションって合う？

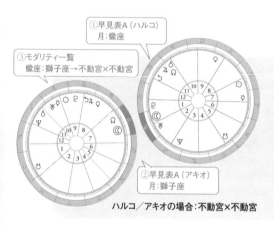

①早見表A（ハルコ）
月：蠍座

③モダリティ一覧
蠍座：獅子座→不動宮×不動宮

②早見表A（アキオ）
月：獅子座

ハルコ／アキオの場合：不動宮×不動宮

お互いのノリやテンション、フィーリングが合うかは、2人の関係の土台。これは、その人の本質を分類する月のモダリティの組み合わせから、分析することができます。

📖 **分析のしかた** ………………………

① 早見表A（自分）から、月の星座を確認。
② 早見表A（あの人）から、月の星座を調べる。
③ モダリティ一覧から、①と②の組み合わせをチェック！

私とあの人の月が

活動宮 × 活動宮

共に活発で同じ方向性

　テンションはまずまず合うでしょう。両者共に行動的で、常に新しいことにチャレンジしているタイプ。同じ生活リズムを共有できるため、相性は良好です。しかし2人とも落ち着きがない傾向があり、すれ違うこともあります。まずは「結婚する」とか「このプロジェクトを成功させる」など、今一緒にいる目的を明らかにすると行き違いはなくせるはずです。そして、たまに2人でそれを思い出す機会を設けることが、ズレていたピントを合わせる儀式になります。

私とあの人の月が

活動宮 × 不動宮

足並みはそろわないが……

　テンションはあまり合わないでしょう。片方が常に新鮮さを求め、片方が現状維持を求める組み合わせです。活動宮の人があちこち走り回っている間、不動宮の人はずっとその帰りを待っているようなイメージ。同じ方向を向いて、一緒に何かをするのは難しい相性ですが、いっそ「役割分担」と割り切ってしまえば歯車が噛み合います。結果的に補い合う関係なのです。常に「自分が楽しい時ほど、相手に我慢させている可能性」を頭に入れておくと、すれ違い防止になりそう。

私とあの人の月が

活動宮 × 柔軟宮

フィーリングも実益も◎

　テンションは非常に合うでしょう。常に最先端を走り続ける活動宮の人に、柔軟宮の人が追い風を送る関係です。興味の対象がくるくると移り変わり、毎日生まれ変わっている柔軟宮タイプ。2人の関係に次から次へと「変化」を持ち込み、刺激を求める活動宮サインを飽きさせません。片方が紹介したものをもう一方が盛り上げる性質があり、生み出される力はまさに無限大。お互いが心地いいだけではなく、周りを巻き込んで、スケールの大きなことができる相性です。

私とあの人の月が

不動宮 × 柔軟宮

柔軟宮が主導権を握ると◎

　テンションが合うかは微妙でしょう。相手に合わせて変化できる柔軟宮の人が、不動宮の人に合わせればうまくいきます。というのも2人は正反対に見えて、実はお互いの苦手分野をカバーする組み合わせ。不動宮の人を軸に、柔軟宮の人が飛び回るような動きができると強いでしょう。良好な関係でいるコツは、相手を信じて「任せる」こと。口出ししたくなるところをグッと堪え、相手のプレーを見守る関係が築ければ、パズルピースのようにうまくハマるかも。

私とあの人の月が

不動宮 × 不動宮

波長は合うが我慢比べも……

　テンションはそこそこ合うでしょう。両者共に安定志向で、お互いの大切なものを「維持継続」しようとする関係です。しかし、2人は決められたルールを守るのは得意ですが、変化するのは苦手。急かされるのも好きではありません。静と静のぶつかり合いという感じです。だから2人で何かする時には、「じっくり時間をかける」ことを大切にしてください。また、ぶつかるとお互いなかなか折れないところも。先に謝る勇気を持つことが、いい関係を継続していくカギ。

私とあの人の月が

柔軟宮 × 柔軟宮

自由人な似た者同士

　テンションが合うかはまちまち。お互いの自由を尊重する組み合わせです。相手に放っておかれても苦ではなく、むしろ楽だと感じる2人。ウマは合うものの結束力には欠け、「話は盛り上がるけど何も始まらない」仲と言えそう。何かする時は、他のモダリティの人の助けを借りてみてください。また、2人ともいろいろなことに手を出しすぎて「カオス状態」を招くこともあるでしょう。ただし破局したり決裂したりしても、平気でまたくっつくような適応力があるコンビです。

相性分析 52 私とあの人でやると 楽しさが倍増するものって?

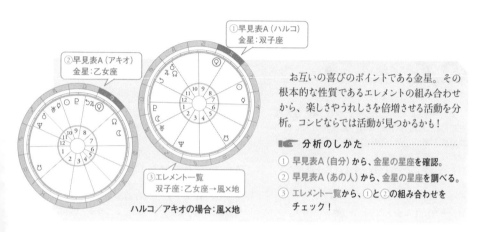

①早見表A(ハルコ)
金星:双子座

②早見表A(アキオ)
金星:乙女座

③エレメント一覧
双子座:乙女座→風×地

ハルコ／アキオの場合:風×地

お互いの喜びのポイントである金星。その根本的な性質であるエレメントの組み合わせから、楽しさやうれしさを倍増させる活動を分析。コンビならでは活動が見つかるかも!

🖝 分析のしかた

① 早見表A(自分)から、金星の星座を確認。

② 早見表A(あの人)から、金星の星座を調べる。

③ エレメント一覧から、①と②の組み合わせをチェック!

2人の金星の
エレメントが

新しい試み

例えば日本ではまだ珍しい「最先端のエクササイズ」や、製品を見つけてきて一緒に体験してみると楽しいでしょう。「革新的」なものと相性がいいので、ワーケーションなどの新しい働き方を試してみるのもあり。アプリの開発やプチ起業など、アイデアを形にする活動もおすすめです。

2人の金星の
エレメントが

物作り

おすすめなのは陶芸と料理。2人で作った器に手料理を盛りつけると、食事の楽しさが倍増しそう。陶芸から連想するなら、クレイアートも楽しめるでしょう。樹脂粘土や石膏粘土といった個性の違う素材を使って、アクセサリーからフィギュアまでいろいろな制作にチャレンジしてみて!

2人の金星の
エレメントが

情報発信

火が見つけてきた素材を、風がおもしろおかしく料理して拡散することができます。何か2人の興味があることについてフリーペーパー(ZINE)を作ったり、SNSや動画配信チャンネルを運営したり。特に「旅行」と相性がよく、それに関する発信にやりがいを感じるでしょう。

2人の金星の
エレメントが

ハンドメイド関係

ただ作って終わりではなく、イベントで販売を行うなど、収入につながる工夫をすると楽しみが長続き。DIYや編み物のような生活雑貨がおすすめです。また、家庭菜園やガーデニングといった土いじり系も◎。収穫した作物や加工品を人に分けたりすると、二段階で楽しめます。

2人の金星の
エレメントが

リラックスのための活動

リラクゼーションやヒーリングに関する遊びがおすすめです。2人で緑の豊かな場所に出かけたり、一緒にマッサージを受けたり。温泉などの娯楽施設に旅行に行くと、満足できる相性。あまり激しい活動は共に疲れてしまうので、穏やかな時間を共有しましょう。

2人の金星の
エレメントが

○○会

お茶会や飲み会、趣味の集まりなど、連帯感を得られるような遊びをするといいでしょう。とても満ち足りた時間を過ごせるはずです。お酒を飲むならバーが◎。2人の好きなテーマや人物をイメージした創作カクテルを注文すれば、忘れられないくらい盛り上がれそう。

2人の金星の
エレメントが

スポーツ観戦

2人で一緒のチームや選手のファンになると、試合観戦がより楽しいものになりそう。特に野球やバレーなど、団体競技がおすすめ。実際に見にいくのはもちろん、スポーツバーのような施設で観戦するのも◎。2人で他のファンたちと心を1つにし、応援する気持ちよさは格別です。

2人の金星の
エレメントが

芸術鑑賞・創作活動

特に言葉に関する「美」には風の人が前のめりに。例えばミュージカルのようにセリフや歌が盛り沢山の舞台は、2人が一緒になって楽しめるでしょう。また、もう一歩踏み込んで脚本制作に取り組んでみるのもあり。2人の感性が爆発した結果、「公募荒らし」として名を馳せるかも。

2人の金星の
エレメントが

トークライブ

例えば動画配信サイトや、自分たちのチャンネルが持てるSNSでの放送活動。ラジオDJのように2人でフリートークしていると、時間を忘れて熱中できそう。広く公開するものでなければ、ただ2人で長電話しているだけでも楽しいでしょう。また、買い物もおすすめです。

2人の金星の
エレメントが

感性の共有

本や映画などをテーマに、2人で一冊の「感想ノート」を作り、交換日記のように使ってみては? 相手からノートが返ってくるのが楽しみで、眠れなくなるかも。作品の貸し借りも◎。お互いの感性に共感したり刺激されたりして、癒しやモチベーションにつながるでしょう。

（相性分析）**53** どんなスタンスで接すると
あの人と良好な関係に?

①早見表B（ハルコ）
1ハウス：天秤座

②早見表A（アキオ）
金星：乙女座

③ハウス早見表
天秤座→乙女座：12ハウス

ハルコ／アキオの場合：12ハウス

あの人の金星、つまり魅力をより輝かせるスタンスが重要です。あの人の金星をもてなすあなたのハウスから、2人の関係が良好になるためのヒントが得られるはず。

☞ 分析のしかた

① 早見表B（自分）から、1ハウスの星座を確認。
② 早見表A（あの人）から、金星の星座を調べる。
③ ハウス早見表から、①から見て②が何ハウスかをチェック!

あの人の金星が私にとって　**1**　ハウス
自然体に振る舞う

　相手はあなたと同じスタンスで接してきますから、下手に気を遣うのは逆効果。自然体でいるほど心地いいでしょう。状況をコントロールしようとせず、あの人のペースに委ねると関係がスムーズに進みそう。「自分がされたらうれしいこと」をしてあげると関係は良好になります。

あの人の金星が私にとって　**3**　ハウス
フレッシュな話題を用意する

　他愛のない話でいいので、バラエティ豊かに話題を仕入れておきましょう。そして2人の会話に燃料を投下するイメージで、次々とネタを提供してあげて。「そういえば、知ってる?」と好奇心をくすぐれば、相手は身を乗り出して食いついてくるはず。気持ちを手紙で伝えるのも喜ばれます。

あの人の金星が私にとって　**2**　ハウス
飽きさせない工夫をする

　例えば、相手の好みをリサーチし、喜んでくれそうなものを差し出しましょう。おすすめのジャンルは五感を刺激するものです。今回はお花、今回はお菓子、今回は雑貨……といった具合に、毎回違ったものを贈ると◎。定期的に、一緒に食事をする習慣があるといいでしょう。

あの人の金星が私にとって　**4**　ハウス
家族のように接する

　風邪を引いた時はお見舞いに行ったり、誕生日にはホームパーティーを開いてあげたり。そういうアットホームな演出を喜んでくれそうです。気持ちに共感してあげるのも大切。例えば、悩みを相談された時は正論で切り返すのではなく、ただ「うんうん」と聞いてあげるといいでしょう。

あの人の金星が私にとって 5 ハウス

相手を立ててあげる

常に主役にしてあげるイメージです。ほめたり応援したりするのはもちろん、「甘える」のも効果的なアクション。特に困った時は、思い切って頼ってみて。その際、「あなたにしか頼めない」といった態度を強調しましょう。問題が解決したら、思いっきり感謝するとデレデレしてくれます。

あの人の金星が私にとって 6 ハウス

尽くし、尽くさせる

少々おせっかいなくらいでOKです。気を利かせて、相手が必要としていることを先回りしてやってあげましょう。物をあげるという行為がとても好意的に働くパターンもありそうです。時にはお願いごとをするのもよく、日頃のお返しがしたい相手は「任せて！」と快く引き受けてくれそう。

あの人の金星が私にとって 7 ハウス

近すぎず遠すぎず

お互いのプライベートを尊重した、程よい距離感で接するといいでしょう。落ち込んでいそうな時は心配してあげて、うれしそうな時は話を聞き出してあげる。そんな、きめ細やかな対応も効果的です。相手からは見えていない部分をアドバイスしてあげるのも喜ばれるでしょう。

あの人の金星が私にとって 8 ハウス

本心を隠さず見せる

衝突を避けて不満を飲み込むようなスタンスは逆効果。むしろお互いが全力で本音をぶつけ合ったほうが、仲が深まります。ただ、わがままでいいというわけではありません。いつもはあなたが相手に合わせてあげて。なるべく2人きり、秘密を共有する、といったテクニックも有効。

あの人の金星が私にとって 9 ハウス

自分の核となるものについて話す

恐れず専門的な話をするといいでしょう。宗教に関する話題はもちろん、人生観や、思想、信条といったものも含みます。まったく異なった立場から話していても、不思議な共通点が見つかるはず。理想論を織り交ぜるのもよく、時にはあなたが教師役となり、導いてあげましょう。

あの人の金星が私にとって 10 ハウス

共通のルールを作る

例えば「メールの返信が遅くなりそうな期間は事前に知らせておく」など。あなたが相手を管理して引っ張るイメージです。また、時間をかけて丁寧に関係を育むことも大切。とはいえ、あまりに進展がない時は、相手が「指示待ち」かもしれないので、その場合はリードしてあげて。

あの人の金星が私にとって 11 ハウス

友達感覚で接する

実際に2人がどんな関係性でも、相手を「自分のものだ」などとは決して思わないことです。お互いに束縛しないラフな関係がベスト。仲間を紹介したり、未来について話したりするのも効果的。共通の理想があるといいので、自分の夢やヴィジョンを打ち明けてみてください。

あの人の金星が私にとって 12 ハウス

シビアな話はなるべく避ける

リアルで重い話はお互いに避けるのが吉。その代わりに夢や理想についての話をするといいでしょう。何かを伝える時も、イメージを大切にすると通じやすいです。アートやスピリチュアルに関する話題も◎。また、2人の関係性をあまり表に出さないようにしておくと仲が深まりそう。

相性分析 **54** あの人とトラブルに
なりやすいことって？

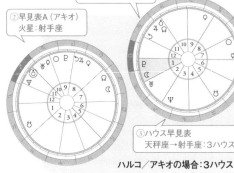

②早見表A（アキオ）
火星：射手座

①早見表B（ハルコ）
1ハウス：天秤座

③ハウス早見表
天秤座→射手座：3ハウス

ハルコ／アキオの場合：3ハウス

人の心をヒートアップさせる火星は、トラブルの火種を示します。あの人の火星が、自分のハウスで、つまりどんな場面で燃え上がるのか。あらかじめ分析して、対策を！

■ **分析のしかた**

① 早見表B（自分）から、1ハウスの星座を確認。
② 早見表A（あの人）から、火星の星座を調べる。
③ ハウス早見表から、①から見て②が何ハウスかをチェック！

あの人の火星が私にとって **1** ハウス
自分の人生観を押しつけること

「こうあるべき」という一方的な主張は、相手は自分の生き方を否定されたように感じそう。ケンカになる可能性が高い危険なテーマです。また、見た目やクセに関するアドバイスにも気をつけて。一歩間違えれば「上から目線で何様のつもり？」と、予想外の怒りを買うかも。

あの人の火星が私にとって **2** ハウス
お金の貸し借りをすること

どちらが貸すか借りるかは関係なく、お金という大切なものを「貸し借りしようとする」こと自体を相手は嫌がるでしょう。また、「才能」という言葉で片づけるのもNG。ほめる時は「努力」に焦点を当てるのがベター。「存在価値」も地雷ワードの可能性があるので控えましょう。

あの人の火星が私にとって **3** ハウス
情報力でマウントを取ること

「そんなことも知らなかったの？」なんて態度は、相手の怒りに火をつけます。知ったかぶりをスルーしてあげる優しさを持って。言葉の行き違いにも注意が必要。「言った」「言ってない」でトラブルにならないよう、言質を取るとよさそう。「つまらない」は相手を最も傷つける言葉です。

あの人の火星が私にとって **4** ハウス
出身地や家庭環境でマウントを取ること

例えば、お互いの地元自慢はケンカになりやすいテーマ。どちらの出身地がより優れているか張り合ったり、相手の地元批判になったりしそう。お互いの家事のやり方に口を出すのもタブー。また、家具や家電、インテリアへのアドバイスも悪いように受け取られてしまいがちでしょう。

130

あの人の火星が私にとって 5 ハウス
相手の自尊心を刺激すること

例えば相手の話を遮ることは、機嫌を損ねるお決まりのパターン。ファッションや持ち物などで、相手より目立とうとするのも見抜かれてしまうでしょう。ギャンブルや、芸術に関する話題もケンカになります。相手の趣味について少しでも批判すれば、激しい反発を招いてしまうはず。

あの人の火星が私にとって 6 ハウス
自立心のない行動をすること

「やってもらって当たり前」という態度では、相手の気持ちが離れてしまうでしょう。反対に、あなたが世話を焼きすぎるのもダメです。特に「生活の援助」に関することは注意。生活費を頼ること、家事を任せきりにすることはしないようにして。ペット愛にふれるのもトラブルになります。

あの人の火星が私にとって 7 ハウス
不平不満を口にすること

ある程度まではグチにつき合ってくれますが、言いすぎると愛想を尽かされてしまうでしょう。ファッションセンスなど、見た目についての話題もケンカの種。相手をライバル視すること、特に「あなたと私は違う」といったセリフは、どのような文脈でも相手の不興を買いそうです。

あの人の火星が私にとって 8 ハウス
気持ちを押しつけること

それがどんな恩であれ「やってあげたのに」という態度を出すのはNG。「頼んでない!」と反発されてしまうでしょう。相手の前で他の人をほめる、または目移りするような言動もジェラシーに火をつけそう。また、物事を深刻に捉えすぎるのも、行き違いの原因になります。

あの人の火星が私にとって 9 ハウス
非科学的なもののせいにすること

例えばトラブルに遭遇した時に、運勢や日頃の行いについて口にすること。相手はそういった話題にアレルギーを持っているかもしれません。スピリチュアルの押しつけはやめたほうがいいでしょう。意識の高さをアピールするのも、相手はバカにされたように感じるので避けるのが◎。

あの人の火星が私にとって 10 ハウス
世間体ばかり気にすること

ちょっとした世間話のつもりがお互い変なスイッチが入り、話が悪い方向へと白熱してしまいそう。特に職場の上下関係についての話は、意見がぶつかってしまうでしょう。上から目線でお説教する、相手の行動を管理しようとする、学歴や肩書にケチをつけるのもタブーです。

あの人の火星が私にとって 11 ハウス
友人の悪口を言うこと

相手の友人はもちろん、自分の友人についての悪口も。そんなことをすれば、相手から軽蔑されてしまうでしょう。つまり、裏切り行為が嫌いなので、ちょっとしたグチも避けたほうがベター。保守的な考えや、自己保身的な振る舞いも「臆病すぎる」と不満に思われそうです。

あの人の火星が私にとって 12 ハウス
夢や理想を否定すること

特に「現実的じゃない」というフレーズはNGワード。どんなに穏やかな文脈でも、相手の好きなアニメや映画について批判するのもよくありません。相手が秘密にしたいことをしつこく追及したり、空想に浸っているのを邪魔するのも、関係性に危機的なダメージを与えます。

相性分析 55 あの人と手を組むと何を生み出せる?

①早見表B(ハルコ)
1ハウス:天秤座

②早見表A(アキオ)
太陽:蠍座

③ハウス早見表
天秤座→蠍座:2ハウス

ハルコ/アキオの場合:2ハウス

太陽は未来を創造する天体。あの人の太陽=創造性が、私のどのハウスで発揮されるのか。そこに注目すると「この2人だからできること」が見えてくるでしょう。

👉 **分析のしかた**

① 早見表B(自分)から、1ハウスの星座を確認。
② 早見表A(あの人)から、太陽の星座を調べる。
③ ハウス早見表から、①から見て②が何ハウスかをチェック!

あの人の太陽が私にとって **1** ハウス

スポーツ関連の新アイデア

例えば2人で新しい運動法を考案したり、オリジナルのウェアを作ってみたり。何かの二番煎じではなく、オリジナリティを追求すると成果を出しやすいでしょう。防犯グッズの発明も◎。今夢中になれるものがなくても、2人が無邪気でいれば、情熱を注げる何かに出会えます。

あの人の太陽が私にとって **2** ハウス

五感を活かしたヒット商品

ジャンルとしてはスイーツや、アクセサリーがおすすめ。第三者が作ったものを扱うよりは、2人が手作りしたものがいいでしょう。そういったアイテムを販売するのはもちろん「お菓子教室」のように教えるパターンもあり。力を合わせれば、とても安定感のある運営ができるはずです。

あの人の太陽が私にとって **3** ハウス

コミュニティやトレンド

地域密着型のカフェやセレクトショップなど。その場所を活かしてマルシェや勉強会を開くのもおすすめのプラン。流通や学習にまつわるものと相性がいいからです。SNSを駆使した流行発信も◎。2人でうまくやれば「自分たちでトレンドを作る」ことも夢ではありません。

あの人の太陽が私にとって **4** ハウス

ハートフルな「場」

ある世代の心をグッとつかむような場所のこと。例えば子育てママの交流会や地域の子どもを支援するサークルなど。癒やしや共感、住宅といったワードもカギです。そういう意味では若いアーティストが制作を行いながら共同生活を送る、長屋のような施設を作ることもできそう。

あの人の太陽が私にとって 5 ハウス
"遊び"の空間

例えば小さな劇場や映画館。特に「子どもの遊び場を作る」ことが、何か大きな動きになりそう。近所の公園でラジオ体操文化をリバイバルさせたら、いつの間にか全国規模のムーブメントになった……なんて展開も。2人で舞台や人前に立つような活動もウケそうです。

あの人の太陽が私にとって 6 ハウス
人や動物を癒やすシステム

健康やペットに関わるものがカギ。ペットと飼い主を結びつける保護動物カフェや、ドッグセラピーのような動物療法について調べてみては？ペット向けの健康食考案も◎。人間相手ならマッサージや整体の施設、ヒーリンググッズを扱うショップを始めてみると大当たりするかも。

あの人の太陽が私にとって 7 ハウス
美や芸術に関するトレンド

「公平公正」がキーワードなので、2人で何か新しいコンクールを主催してみては？カフェや画廊を借りて小さな企画展をしたり、SNSに作品発表の場を作るというのもあり。おしゃれに関わることとも相性がよく、2人の名前を冠したブランドを立ち上げるようなこともできそう。

あの人の太陽が私にとって 8 ハウス
伝統と新しさが融合した画期的な発明

歌舞伎など伝統芸能の脚本を現代風にアレンジしたり、演歌に洋楽のテイストを加えて新しく作曲するなど。「古きよきものを生まれ変わらせ、遺す」活動に関わると、何かいいものを生み出せそうです。古美術、骨董、着物のリメイクやリサイクルショップ関係はいずれも◎。

あの人の太陽が私にとって 9 ハウス
歴史を活かした新アイデア

例えば神社仏閣に併設されたカフェや、そのメニューの開発。何か物作りができるなら、作品のどこかにクロスなどの宗教モチーフを入れてみると、いつもとは一味違ったものができそう。オリジナルのおみくじを作り、SNSやイベントで配布するなど、話題作りが得意な2人です。

あの人の太陽が私にとって 10 ハウス
組織や会社が活性化するもの

イメージしやすいのは起業ですが、オフィス用品の開発でもセンスを発揮できそう。作業効率を高めるしかけがある文房具やインテリアなど。社交界に関わることもおすすめです。一般人にも広く門戸を開くような制度や、機能性のあるパーティー衣装のアイデアを出し合ってみては？

あの人の太陽が私にとって 11 ハウス
グローバルな取り組み

例えば2人で何かのボランティア団体を立ち上げたり、チャリティ活動を行ったり。募金活動なら路上ライブでお金を集めるなど「2人の個性を活かした」アイデアを入れるとうまくいくはず。グローバルなものと相性がよく、外国人向けの宿泊施設や情報サイトを作るのも◎。

あの人の太陽が私にとって 12 ハウス
ファンタジックなもの

2人の空想世界を形にするようなものを作ると、世間から注目されそうです。例えばぬいぐるみや粘土を使ってアニメを撮ったり、絵本を描いてみたり。「夜に見るほうの夢」をテーマに、創作活動をしてみるのもよさそうです。何かすでに作品があるなら、一度相手に見せてみましょう。

相性分析 56 私とあの人、主導権を握るのはどっち？

①早見表A（ハルコ）
月：蠍座

②早見表A（アキオ）
月：獅子座

③モダリティ一覧
獅子座：不動宮＞蠍座：不動宮

ハルコ／アキオの場合：アキオが主導権を握りやすい

月の星座＝その人の本質。その行動的な特徴の分類であるモダリティから、主導権を握るタイプか、任せるタイプかを研究します。周囲の人との関係のヒントになるはず。

📌 分析のしかた

① 早見表A（自分）から、月の星座を確認。
② 早見表A（あの人）から、月の星座を調べる。
③ モダリティ一覧から、①と②の分類を確認し、＞順に主導権の序列をチェック！ さらに、12星座順に主導権の序列も分析できます。

あの人の月が		あの人の月が		あの人の月が
活動宮	＞	**不動宮**	＞	**柔軟宮**
基本的に自分が主導したいタイプ		状況に応じて握るor任せる		そもそも主導権に興味を示さない

あの人が活動宮なら、あの人が主導権を握る可能性が高いでしょう。何事も先手先手で動き、自分の思惑や計画の通りに進めないと気がすまない、あるいは不安になってしまうという性質を持っています。このグループは、3つのモダリティの性質の中で、最も主導権を握りやすいグループです。そして、その活動宮の中でも、牡羊座＞蟹座＞天秤座＞山羊座の順で主導権を握りやすくなります。

あの人が不動宮なら、あなたのモダリティによって、どちらが主導権を握るか変わってきます。このタイプはとても堅実で、じっくり吟味するタイプ。判断力は高いですが、俊敏性に欠けます。柔軟宮に対しては、しっかり主導権を握りリードしますが、動きの速い活動宮には、主導権を委ねることが多いかもしれません。不動宮の中でも、牡牛座＞獅子座＞蠍座＞水瓶座の順で主導権を握りやすくなります。

あの人が柔軟宮なら、あなたが主導権を握る可能性が高いでしょう。このタイプは、主導権に対する興味が薄い人たちです。相手に合わせてしまったほうが楽、あるいは1人で自由に動きたいと考える人が多いでしょう。3つのモダリティの中で、最も主導権を放棄する、自由奔放なグループです。強いていえば、柔軟宮の中でも、双子座＞乙女座＞射手座＞魚座の順で主導権を握りやすいです。

あの人の**月**が
牡羊座
自分のペースで進めたい

　12星座で一番、主導権を握りやすい星座。ハイペースに動きたいタイプです。矢のごとく俊敏な動きで、何事も、瞬く間に自分のペースに持ち込むでしょう。

 あの人の**月**が
蟹座
実質的に主導権を握る

　2番目に主導権を握りやすい星座。一見穏やかな蟹座ですが、仲間を取り込んだり、方向性を定めたりするのが早く、実は頑固に自分のペースを守るタイプです。

 あの人の**月**が
天秤座
任せたいと思わせる

　3番目に主導権を握りやすい星座。気配りが万全で、外堀を埋めるのが得意。この人に任せたほうがスムーズだ、という状況を作り、結果的に主導権を握ります。

 あの人の**月**が
山羊座
人の上に立つ資質

　4番目に主導権を握りやすい星座。管理能力が高く、リーダーシップも強いタイプです。この人に主導してもらったほうが安心だ、という空気があるでしょう。

 あの人の**月**が
牡牛座
責任感から主導権を握る

　5番目に主導権を握りやすい星座。陰で強固に地盤を固めるタイプですが、主導権を握りたがる人がいなければ、表に出ることも。大人の対応ができる人です。

 あの人の**月**が
獅子座
自由でいたい

　6番目に主導権を握りやすい星座。タレント性が強く、人がついてきやすいでしょう。思い通りに進めたいタイプですが、主導権というよりは自由を求めるタイプ。

 あの人の**月**が
蠍座
得意分野で主導権を得る

　7番目に主導権を握りやすい星座。何事も、きちんと気持ちを確認しながら進めるタイプ。主導権を握ると時間がかかるかも。ニッチな分野では主導権を握りそう。

 あの人の**月**が
水瓶座
状況に応じて変わる

　8番目に主導権を握りやすい星座。先見の明があり、自由で革新的。型通りに進むことがあまりなく、状況によって、主導権を握ったり放棄したりするでしょう。

 あの人の**月**が
双子座
補佐役として輝く

　9番目に主導権を握りやすい星座。情報通で有能な補佐タイプです。決定権は他に任せて、リサーチに徹するほうが得意ですが、情報力から自然と主導権を握ることも。

 あの人の**月**が
乙女座
主導権者の相談役

　10番目に主導権を握りやすいタイプ。分析力と判断力に優れていますが、性質としてはサブリーダータイプです。重要なことは、リーダーに決めてもらうでしょう。

 あの人の**月**が
射手座
流れに任せる

　11番目に主導権を握りやすい星座。そもそも、主導権に興味がありません。自由で楽観的。その場の流れを大事にするでしょう。何かと人任せな一面もあります。

 あの人の**月**が
魚座
判断は委ねる

　12星座で最も主導権を握る可能性の低い星座。自然に人を集めるカリスマ性がありますが、当人は誰かに頼って生きていきたいタイプ。人について行きたいのです。

相性分析 57 私とあの人、ずばり どう影響し合う？

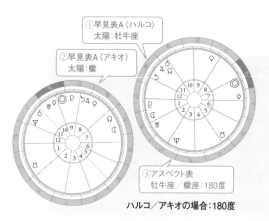

①早見表A（ハルコ）
太陽：牡牛座

②早見表A（アキオ）
太陽：蠍

③アスペクト表
牡牛座／蠍座：180度

ハルコ／アキオの場合：180度

2人が一緒だからこそ生まれる相乗効果とは？ このコンビならではの関係を、それぞれの代表的なパワーである太陽の星座のかけ合わせ（アスペクト）から分析！

👉 **分析のしかた**

① 早見表A（自分）から、太陽の星座を確認。
② 早見表A（あの人）から、太陽の星座を調べる。
③ アスペクト表から、①と②の角度をチェック！

自分とあの人の太陽の角度が

 0度

ポテンシャルを引き出し合う

　基本的には似た者同士で、相思相愛のコンビです。お互いに相手が何を考えているか手に取るようにわかります。しかし、同じ志向を持つ2人は、譲れないポイントすらも一緒。例えば2人が同じプロジェクトに配属されたりすると、どちらがイニシアチブを取るかで戦いになりそう。爽やかなライバル心で、互いの潜在能力を引き出し合うでしょう。しかし、そうやって衝突しても、最終的には「ハッピーエンド」に着地させる、とても強引な力で結ばれています。

自分とあの人の太陽の角度が

 60度

新しいアイデアが生まれる

　ポジティブな相乗効果を与え合うでしょう。この人といると、自由な発想が許されます。それぞれがアイデアを持ち寄り、「工夫しながら」何か新しいものを作り出していけるコンビです。相手のアドバイスも素直に聞けるので、話し合いが白熱することはあっても、ケンカに発展することはなさそう。そのため「いいものを作る」という観点からも、遠慮せず素直に思ったことを伝え合うのがベスト。保守、保身に走らないことが2人の創造性をキープし、いい影響を与え合う秘訣。

自分とあの人の太陽の角度が

90度

人間的な成長につながる

　葛藤や矛盾を与え合うでしょう。とにかくぶつかりやすく、お互いそんなつもりはなくとも「足を引っ張られた」「横やりを入れられた」などの誤解が生じがち。相手憎しで視野を狭めると、ストレスがたまる一方。しかし、実はこういったジレンマが2人の人間的成長を促します。あたかも筋肉が負荷をかけることで育つように、人が成長するためには切磋琢磨するライバルの関係性も必要ということ。気持ち1つで、いい影響も悪い影響も受け取れる相性です。

自分とあの人の太陽の角度が

180度

深いところで共鳴し合う

　緊張感や苦手感を与え合うでしょう。太陽星座は真正面から睨み合う2人。スキルに才能、外見……相手は常にあなたの前に立ち塞がってくるので、良くも悪くも気になってしまう存在です。しかし、実はモダリティが同じで、エレメントも相性のいい組み合わせ。一度、一緒に出かけてみたり、腹を割って話をしたりしてみれば、わかり合える仲間になれる可能性大。相手と「親友」になるつもりで懐に飛び込むと、いい影響を全身に浴びて、関係性はガラリと変わるでしょう。

自分とあの人の太陽の角度が

120度

影響もストレスも少ない

　良くも悪くも激しい影響力はないでしょう。お互いにストレスがなくて楽ですが、言い換えれば「ぬるま湯」のようなもの。壁を乗り越えたり、改革を起こしたりするための激しいエネルギーはないかもしれません。そのため、仕事でもプライベートでも何かミラクルなドラマはあまり期待しないほうがいいでしょう。ただ、エレメントが同じあなたとあの人は、お互いが一番の理解者。「一緒にいると安心する」というのは、間違いなく、いい相性と言える要素です。

自分とあの人の太陽の角度が

30度　**150**度

ひっそりと意識し合って底力を引き出す

　影響力はほぼ存在しないでしょう。会社で例えるなら「同じ課にいても、まるで別次元で仕事をしているかのごとく、お互いのことがまったく気にならない」2人です。相手にしていない風で、油断していると相手に追い抜かれるかもしれませんが、それは向こうも同じこと。テスト勉強はしていないと言いつつ、実は猛勉強していて、満点を取って相手を驚かせる……といった「隠密行動」は容易。あの人の驚く顔を楽しみに、スキル磨きや人脈拡大に励むと、はかどりそう。

相性分析 58 あの人のモチベーションを私が引き出すためには？

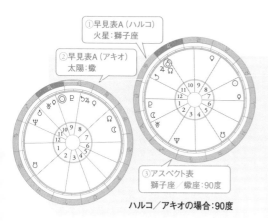

① 早見表A（ハルコ）
火星：獅子座

② 早見表A（アキオ）
太陽：蠍

③ アスペクト表
獅子座／蠍座：90度

ハルコ／アキオの場合：90度

部下や無気力な上司、恋人など、あの人のやる気を引き出すためには？　子どもの教育にも役立つこのテーマは、自分の闘争心＝火星と、あの人の公の行動＝太陽の角度がヒントに。

📖 分析のしかた

① 早見表A（自分）から、火星の星座を確認。
② 早見表A（あの人）から、太陽の星座を調べる。
③ アスペクト表から、①と②の角度をチェック！

私の火星とあの人の太陽の角度が

 0度

ちゃんと見ていることを意識させる

　ただ近くにいてあげるだけでいいでしょう。下手に気を遣ったり、慰めや激励の言葉をかける必要はありません。というのもあなたの存在そのものが、あの人にとっての「やる気スイッチ」。あなたのことを意識すると「よし、やってやるぞ」という気持ちが湧き上がってくるのです。たとえ気力が枯れてしまった時でも、あなたがいれば文字通りエネルギーの「充電」が可能。特に何もしていないのに、勝手に元気になってくれるかも。近くで「ちゃんと見ているよ」とアピールして。

私の火星とあの人の太陽の角度が

 60度

独自の視点でアドバイス

　ちょっと違った視点でアドバイスしてあげましょう。つまり、相手が持っていないピースを提供するということです。例えば、あなたがいつもやっている気分転換法を教えてあげたり、あなたしかやっていないSNSの情報を教えたり。そういう「自分ならいつもこうする」ということが、相手にとっては意外な盲点だったりします。また、あの人のファンになったつもりで応援してあげることも大事です。お尻をたたくような言動はせず、「ほめて伸ばす」接し方をすると◎。

138

私の火星とあの人の太陽の角度が

90度

自分の熱を相手に伝える

　嫌われてもいいくらいに、時には厳しく鼓舞してあげましょう。そうすればより強力なプッシュが可能です。というのも、あなたとあの人は基本的な性格こそ違いますが、見ている方向は一緒。早く結果を出したいのか、それとも時間をかけてやりたいのか……といった方法も同様です。あなたも相手がグズグズしていると我慢ならないはずなので、「モタモタしていると置いていくよ！」と、一歩先から強引に手を引いてあげるのがよさそう。情熱的に伝えることも重要です。

私の火星とあの人の太陽の角度が

180度

煽らずに前を走り続ける

　プレッシャーをかけず、少し離れたところからお手本を示してあげましょう。相手はあなたの背中を見て、憧れやライバル心を「モチベーションに変換」します。でも相手の前に「立ちはだかる」ような言動は、決してやってはいけません。焚きつけようと煽るような言葉を口にしたり、能力を自画自賛するようなことです。それは、相手の燃える行動を消火する行為。あなたは適度な距離から見守りつつ、いつものペースで自分の用事を片づけているのがベストでしょう。

私の火星とあの人の太陽の角度が

120度

"共感ポイント"に気づいてあげる

　積極的に協力してあげましょう。2人はお互いスムーズに協力し合える相性だからです。ただ相手の気持ちに「共感」してあげるだけでも、やる気を起こさせることができます。また、要点だけを伝えて後はお任せ……というスタイルも効果的。「面倒くさい」「自分のペースで」という気持ちに共感してあげるパターンです。そういう時、少し離れたところから見守るようにして、助けを求められたらさっと手を貸してあげて。的確に共感するために、常に見ていてあげる必要が。

私の火星とあの人の太陽の角度が

30度 **150**度

人伝に働きかける

　そっとしておいてあげましょう。こちらの励ましが、なかなか相手に届かない相性だからです。「あの人のモチベーションを高めるのは、私の役目ではない」と割り切って、誰か別の人を立てると◎。直接的な働きかけは「石に灸」ですが、ポジティブに言えば、あなたの助けなしでもやる気になってくれるということ。あえてこちらからは接触せず、相手がリカバリーするまで放っておくのが正解かも。人に任せるのではなく、コンペのような勝負の場に相手を放り込むのもあり。

相性分析 59 あの人とケンカ中や一時的に気まずい時の対処法って?

ケンカやトラブルで発生する熱。その性質から、冷まし方も見えてきます。その熱の正体は、火星。そのモダリティから、大まかな対処法、星座から細かな対策を分析します。

①早見表 (アキオ)
火星：射手座

②モダリティー覧
射手座：柔軟宮

③大まかな対処法→柔軟宮
細やかな対策→射手座

アキオの場合：柔軟宮／射手座

■ 分析のしかた

① 早見表A (あの人) から、火星の星座を確認。

② モダリティー覧から、①の分類を調べる。

③ ②から大まかな対処法、①から細かな対策をチェック!

あの人の火星が

活動宮

少し時間を置いてから
コンタクトを取ってみて

　あの人怒りは、熱しやすく冷めやすいタイプ。一時的にカッとなってしまっただけで、基本的にはケンカや行き違いの原因など、すぐに忘れてしまいます。だからこそ、根本的な解決に結びつかないのが難しいところでもあります。まずは、しばらく距離を置いて、相手の声色が元に戻るのを待ちましょう。そして、お互いに冷静であることを確認してから、根本的な問題について話し合うのが望ましいです。

あの人の火星が

不動宮

謝罪、話し合い……
すぐにアクションを!

　爆発的な怒りを見せることはないものの、その怒りは、地熱のように長く心の中に残っている場合が多いです。油断して放っておくと、火事になっていた、なんてことも。あなたが動かないことには、事態は何も進みません。素直に謝る、あるいは相手の真意を確かめるなど、軽いノリではなく、真摯な姿勢でコンタクトを取ってみてください。そうでないと、怒りがどんどん大きくなってしまい、手を焼くかも。

あの人の火星が

柔軟宮

トラブルにふれず
別の話題を出してみて

　あの人は切り替えが早く、1つのことに執着しないタイプ。必要以上にこちらが思い悩んでも、実は相手はもう忘れていた……なんてことも多いはず。あの人の怒りを感じたり、気まずい雰囲気になったりしたら、すぐに話を変えましょう。深刻に謝って、ことを大げさにするよりも、他の楽しい話や興味深い話をするほうが、相手の心もポジティブになれます。笑って水に流すのがベストでしょう。

あの人の火星が
牡羊座
相手のペースに乗らない

　相手の不機嫌やカッとなった態度に、決して張り合わないことです。冷静になるまでは、適度にスルーして距離を置いて。落ち着いたと感じたら、元のテンションで接してみて。

 あの人の火星が
牡牛座
素早く誠実に

　最優先で、アクションを起こしましょう。素直に謝るか、納得いかない部分を話し合うこと。その際、否定から入るのではなく、いいところを先にほめる作戦が有効です。

 あの人の火星が
双子座
大ごとにしない

　さりげなく、トラブルとなった話題を終わらせ、別の話に切り替えましょう。軽く謝って、何事もなかったかのような顔で接するのがベスト。深刻な雰囲気を出すのは逆効果です。

 あの人の火星が
蟹座
「感情」に寄り添う

　納得がいかないとしても、まずは謝ったり、気遣ったりして、相手の感情に寄り添う態度を示して。そのうえで、反論や本当の思いを伝えれば、相手の心にしっかり響くはずです。

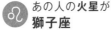 **あの人の火星が**
獅子座
まずは人間性を称えて……

　できるだけ早めに対応しましょう。「あなたはすごい人」という前置きのうえで、個別の案件として今回のトラブルを振り返って。ドラマティックな演出があると効果大。

 あの人の火星が
乙女座
傷ついていないと伝える

　大した衝突ではないことをアピールするのがコツ。ウソでも、こちらはあまり気にしていないと言葉や態度で伝えましょう。すると、相手は安心して、素直な態度になるはず。

 あの人の火星が
天秤座
冷静＆客観的に

　上から目線になったり、卑屈な態度を取ったりするのはNG。同じ目線で、思いを伝えて。トラブルの検証は、客観性がポイント。また、相手が裏をかいてくることも想定して。

 あの人の火星が
蠍座
特別扱いする

　しばらくは相手だけに構ってあげましょう。特別な存在だと伝われば、機嫌は元通り。ネチネチ言われても気にしないこと。億劫になって放置すると、厄介なことに……。

 あの人の火星が
射手座
逆手に取ってみる

　２人のトラブルの元を、逆にプラスに捉えて、何か提案するのがベスト。そのエピソードを笑い話にしてSNSで話題になるようなイメージ。ケンカはチャンスと心得ましょう。

 あの人の火星が
山羊座
大人の解決を

　ルールや上下関係など、根拠を明らかにして説得を。衝突が激しいなら、部分的に譲ったり現実的な折り合いをつけて。メリット、デメリットの話をすると聞いてもらいやすいです。

あの人の火星が
水瓶座
独創的な仲直りを

　例えば、同じ場所にいるのにSNSで話しかけてみるなど。意外なアプローチで一気に改善できます。ただし、「決めつけ」がNG。笑える話か、未来の話題がベストです。

あの人の火星が
魚座
適度な距離感で

　一緒にお酒を飲みに行ったり、じっくり語り合える場所へ誘って。ただし、そこで優しくしすぎないこと。ここで甘やかすと同じことを繰り返します。厳しくても本音を伝えて。

相性分析 60
あの人が一番喜んでくれる
プレゼントって？

あの人の喜びのポイントを示すのが、金星の星座。アイテムがうれしいのか、言葉が響くのか……。あの人のツボを押さえておけば、友好関係を築きやすいでしょう。

分析のしかた

① 早見表A（あの人）から、金星の星座をチェック！

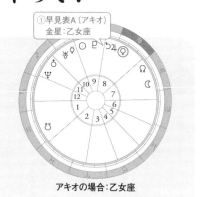

①早見表A（アキオ）
金星：乙女座

アキオの場合：乙女座

あの人の金星が 牡羊座

サプライズ演出

レストランでこっそり特別なメニューを予約しておいたり、相手の持ち物にメッセージカードを隠したり。品物なら筋トレグッズがおすすめです。そして意外に喜ばれそうなのが「調理器具」。あなたも料理に参加し、2人の新しい思い出を作って。それが何よりのプレゼントに。

あの人の金星が 双子座

情報機器の付属品 or 雑誌

タブレットやスマホの専用スタンドなどの付属品がおすすめ。一方、本や雑誌のようなアナログメディアも◎。「ここがいいと思った」ポイントを教えてあげると喜ばれます。本ならライトノベルのような「軽く」読めるものがよく、特にあなたの「おすすめ漫画全巻セット」は外れなし。

あの人の金星が 牡牛座

スイーツ×アイテム

おいしい食事、デザートに重点を置くと喜んでもらえます。また、宝石やインテリアもおすすめ。誕生石を使ったアクセサリーや、誕生日の日づけ入りグッズなどです。これらの要素をミックスし、それ自体が一粒のジュエルのような「チョコレート」「ポーチやケースに入ったお菓子」は大好物！

あの人の金星が 蟹座

安眠グッズ

枕に入れるサシェやベッドランプ、ノンカフェインのハーブティなど。奮発するならナイトガウンのような寝具も◎。もしファンシーなものが好みなら「一緒に寝るぬいぐるみ」もあり。天井に星空や水面を映すミニプロジェクターも、睡眠導入グッズとして喜んでもらえるでしょう。

あの人の金星が 獅子座

アート作品

　美術館のミュージアムショップで買えるような雑貨やインテリアなら間違いなし。ただブランドのロゴが入っただけの何か、ではなく「作家性を感じるアイテム」を選んで。画集や写真集も喜ばれます。本人の顔や名前の入ったグッズもウケそう。「名入れ」が可能なら、ぜひ検討を。

あの人の金星が 天秤座

上品で質のいいもの

　ジャンルとしては洋服や装飾品。イニシャルの入ったアクセサリーも◎。ゴツゴツ、ギラギラしたものではなく、繊細なものを探しましょう。美しく繊細なガラス製品もあります。職人が作ったスノードームやブランドもののオブジェは、美的センスの高いあの人も大満足！

あの人の金星が 射手座

旅行orトラベルグッズ

　特に相手の興味があるものに関する「聖地巡礼」につき合ってあげると喜ばれそう。旅グッズも大歓迎です。超軽量タイプの折り畳み傘やアイマスクなど、かさばらないものを選んで。大きいものならリュックサックやスーツケース。ネームタグなどの専用アクセサリーも、喜んでくれそう。

あの人の金星が 水瓶座

最新の調理器具

　電子レンジで調理できるシリコン製の容器やホットサンドメーカーなど。あの人の実験心を刺激する、料理から製菓までOKな万能選手を選んで。「その調理家電専用のレシピ本」で、心をグッとつかめます。上級者なら、エスプーマなど「ガストロノミー」系の調理家電も気に入りそう。

あの人の金星が 乙女座

お仕事サポートグッズ

　デザインはもちろん機能性も重視しましょう。高級ボールペンのような文房具もいいですが、より心をつかみそうなのは「アームレスト」や「デスク用枕」のような休憩用アイテム。仕事中の息抜きという意味では紅茶、コーヒーもおすすめ。オフィス用のお弁当箱も喜ばれそう。

あの人の金星が 蠍座

ペアアイテム

　お互いにしかわからない、さりげないものがいいでしょう。王道の「ペアリング」もいいですが、もっと秘匿性の高いものも◎。例えば、恋愛対象なら、お互いに違う万年筆を使っているけど、中のインクは一緒……なんて演出が効きそう。2人で何かを体験する機会も、立派なギフトに。

あの人の金星が 山羊座

伝統や由緒を感じるアイテム

　職人の作った「伝統工芸」の扇子や、切子のグラス、焼き物のお皿など。「和雑貨」もいいでしょう。例えば手ぬぐいと日本茶がセットになったギフトや、招き猫のような郷土玩具と呼ばれる雑貨です。そのアイテムにまつわる言い伝えや歴史も一緒に教えてあげると、興味を持ってくれるはず。

あの人の金星が 魚座

夢にあふれるもの

　王道のアミューズメントパークや映画館、水族館のチケットは、最高のプレゼント。一緒に行くなら、お土産を買ってあげるのも忘れずに。また、ユニコーンやドラゴンといった「架空の生き物」も大好物。それらをモチーフにした雑貨、もしくは幻獣図鑑のような本も喜ばれます。

61 あの人と長くつき合うために
意識すべきことは？

①早見表A（アキオ）
月：獅子座

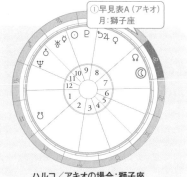

ハルコ／アキオの場合：獅子座

パートナーや同僚など、関係が良好な人ほど「長く一緒にいたい」と思うはず。そのポイントは、相手の本質を表す月の星座に。これを意識すると、無理なくつき合えるはず。

☞ 分析のしかた

① 早見表A（あの人）から、月の星座をチェック！

あの人の月が 牡羊座

つき合い始めの新鮮さを忘れない

　定期的に出会いやつき合い始めの頃の話をするといいでしょう。求められた時は甘えさせてあげるのも重要。相手は基本的に単独行動が好きですが、他人には理解できない孤独を抱えてもいます。そのことを忘れないように。また、新しいことを始めたら、最後まで応援してあげて。

あの人の月が 双子座

話を聞き流さない

　あの人はあなたとの会話を心底楽しみにしています。会話中はスマホをいじったりせず、集中して聞いてあげて。生返事はバレていますが、顔に出すタイプではありません。また、退屈なムードも苦手です。重たい話は極力避け、会話の終わりは「楽しく軽やかなオチ」をつけるクセを。

あの人の月が 牡牛座

相手に合わせる大らかさを持つ

　あの人は自分のペースで進めたい人です。急かしても意味がないばかりか、傷つけるだけ。ちょっとしたルーズさは見逃してあげましょう。また五感的、肉体的なつながりを重視するタイプでもあります。スキンシップを通して絆を深めるとよさそうです。ギフト系もマンネリ打破に。

あの人の月が 蟹座

「正解」ではなく「共感」を

　あの人は隠し事をされるのが嫌いなタイプ。悩み事でも何でも、遠慮せずに打ち明けると信頼してもらえるでしょう。一方あなたも何か相談された時には、相手の話にただ共感してあげることが大事。結論を出そうとしないで。「親しき仲にも礼儀あり」が、長くいい関係でいるためのカギ。

あの人の月が 獅子座

好意は言葉や態度で伝える

「いつも応援してるよ」「一番に思ってるよ」というアピールを欠かさないことです。あの人はあなたの気を引こうといろいろなパフォーマンスをするので、大げさに反応してあげると◎。また、相手が何か表現できる舞台を持っているのなら、あなたは黒子に徹すると喜んでもらえそう。

あの人の月が 天秤座

適度な距離感をキープする

特にあの人が1人でいたい時は、その意思を尊重してあげましょう。常に対等な目線で接すること、お互いのプライバシーを守ることが、2人の関係を長続きさせるコツ。相手のスマートな姿勢や所作をほめるのも◎。ほめ返された時は、謙遜せずに受け入れると相手も満足です。

あの人の月が 射手座

尊敬される人でいる

あの人は自分より恵まれた人を妬んだり、誰かを揶揄するようなノリが苦手。素直に、学問や自分磨きに邁進する人が好きです。あなたも深い話ができる教養を身につけたり、意識を高く持つために努力している姿を見せて。リスペクトのある関係が続けられるはず。

あの人の月が 水瓶座

人とは違った感性を称える

どんなに突飛なアイデアも興味を持って聞いてあげましょう。感想を求められた時は、共感できることも、もっとこうしたほうが……と思う点も、正直に伝えると喜ばれます。自由で対等な関係でいることです。束縛はNG。お互いに共通の未来のヴィジョンを持つと、走っていけそう。

あの人の月が 乙女座

感謝の言葉を欠かさない

あの人は常に自分がどれだけ役に立っているか、存在価値があるのかを気にしています。そんなあの人にとって、「ありがとう」は最高のほめ言葉。遠慮せず、相手が尽くしてくれることを素直に受け入れるのも大事です。また、体調や健康を気遣ってあげるのも円満の秘訣。

あの人の月が 蠍座

相手の本心から目を逸らさない

仮に理解できないとしても「理解しようという態度」を見せることが大事です。また折を見て「いつでも一緒だよ」という気持ちも伝えるようにして。あの人は、あなたが好きでいてくれるか、不安に思っているところがあります。決して見捨てたりしないことを言葉や態度で示してあげて。

あの人の月が 山羊座

責任を取る覚悟を見せる

例えば「目的地」や「関係性の終焉」について、きちんと腹を割って話し合うことです。そうすると、相手も覚悟が決まり、関係を続けることに全力を注いでくれるでしょう。あの人を立て（責任を与え）、あなたが補佐に徹すると◎。負荷のあったほうが燃えるタイプです。

あの人の月が 魚座

日常を離れる時間を作る

特に休日はドラマや映画で、一緒に現実逃避を。夢や理想を聞いてあげるのも大事です。何度も同じことを聞かされるかもしれませんが、根気よく耳を傾けましょう。また、相手はモテるタイプ。「あの人は皆のもの」というスタンスで、束縛しないことがストレスフリーでいるコツです。

相性分析 62　2人のちょうどいい "距離感" って?

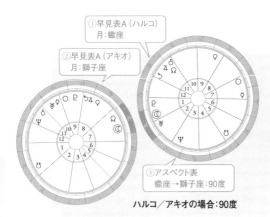

①早見表A (ハルコ)
月：蠍座

②早見表A (アキオ)
月：獅子座

③アスペクト表
蠍座→獅子座：90度

ハルコ／アキオの場合：90度

2人の心の距離を教えてくれるのが、互いの月の星座のアスペクト。あの人にどれくらい「本当の自分」をさらけ出していいのか、判断基準にしてみては?

📖 分析のしかた

① 早見表A (自分) から、月の星座を確認。
② 早見表A (あの人) から、月の星座を調べる。
③ アスペクト表から、①と②の角度をチェック!

私とあの人の月の角度が

 0度

「親しき仲にも礼儀あり」の距離

　ものの好き嫌いが似ていて、自然といつも一緒に行動しがちな2人。お互いがまるで「もう1人の自分」のようなノリなので、つい馴れ馴れしくしてしまうことがありそうです。だからこそ、どれだけ気安くても「相手は自分とは別の人間」であることを忘れてはいけません。自分のことのように、深いところにふれたりふれられたりすると、不信につながります。距離が近くても、相手の嫌がることはしない、きちんとお礼を言うなど、基本的なマナーを守ることがいい関係を続けるコツ。

私とあの人の月の角度が

 60度

一番ではないが仲のいい友人くらいの距離

　良好な関係ですが、運命共同体なわけではありません。理由もなくいつも一緒にいるのは少しベタベタしすぎに感じられるでしょう。ちょっと聞いてほしいアイデアを思いついたから、一緒に行きたいお店を見つけたから、という時に声をかけると喜んでもらえそうです。むしろ、ある程度話のネタがたまるまで会わない作戦が効くでしょう。お互い「焦らされた」分、再会した時に得られるカタルシスが倍増。メリハリを意識して、マンネリを回避すれば関係をキープできそう。

私とあの人の月の角度が

90度

「違い」が刺激に感じる

お互いにものすごく合うポイントと、逆に「絶対合わない」ポイントがある2人。たまに意見をぶつけ合いながら、そのドラマ性が「香辛料」のようにクセになる相性でしょう。でも、そんな2人だからこそ、適度な距離感が必要。あまり距離が近いと、衝突メインの関係になりがち。相手がイライラしている時は関わらない、何かに夢中になっている時は放っておくなどを意識して。いつもはお互い違うことをしていて、要所で協力し合えるといいでしょう。

私とあの人の月の角度が

180度

自分は自分、相手は相手

つかず離れずの距離感です。基本的には良好な関係ですが、たまに相手の嫌なところが目に入ってしまいそう。でも、それを指摘したり改善を要求したりするのはナンセンス。相手を傷つけるか怒らせるだけでしょう。嫌いになりそうな時は距離を取る、ほとぼりが冷めたら戻ってくる、がいいつき合い方です。相手を変えようとするのではなく、「おつき合いを継続するために自分にできる工夫」を惜しまない姿勢が、仲よしでいるコツ。お互いに「大人」であるという意識を。

私とあの人の月の角度が

120度

親友のような間柄

息ぴったりの2人なのですが、お互いが「落ちて」しまった時には、無限ループに陥ってしまう危険が。共倒れにならないよう、「この人がいなくても大丈夫」という自立心を忘れないようにしましょう。特に相手が落ち込んでいる時、怒っている時、あなたにできることはあまりなさそう。うまく同調することはできますが、それだと前に進まないからです。良くも悪くも相手のメンタルに「共振」しやすい、メトロノーム的性質を踏まえたつき合いをおすすめします。

私とあの人の月の角度が

30度 **150**度

深くは関わらない

もはやお互いの存在に無関心で、相手が何をやっているのかすらよくわからないかも。しかし何かと縁がある関係なら、このぐらいの空気感が2人にとってはベストということ。いっそ、このフリーダムな関係性を活かして、独立性のある2人が最後に成果を合体させるようなシステムも◎。基本的には相手の自由にさせておき、たまに2人がどういう関係なのかを思い出させてあげましょう。最終的にはお互いの元へ戻るよう、首輪をつけ合っておくことです。

相性分析 63 私のチームの雰囲気って？

ここでは趣向を変えて、今あなたが属している
チームやコミュニティの雰囲気をチェック。そこか
ら、組織との相性を自分で測ってみて。その組
織のリーダーの太陽の星座が手がかりに。

📖 **分析のしかた**

① 早見表A（チームのトップorリーダー）の
太陽の星座をチェック！

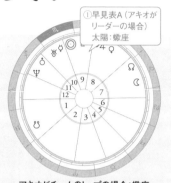

①早見表A（アキオが
リーダーの場合）
太陽：蠍座

アキオがチームのトップの場合：蠍座

トップの太陽が 牡羊座

活発なグループ

意見や思ったことを、遠慮せずにぶつけ合う
チームカラーです。血の気があまって衝突するこ
とも。「失敗する」ことより「挑戦しないこと」
のほうが恥とされる雰囲気。計画性に欠けますが、
その分、予定にない収穫も多め。安定感を求め
るのであれば、心が落ち着かないかも。

トップの太陽が 双子座

情報交流が活発なグループ

コミュケーションが活発。各メンバーがSNS
などを使いこなしたり、新しいことを取り入れたり、
情報意識の高いチームです。ただ、アイデアは
どんどん出るのですが、それを形にするのが苦
手なチームでしょう。話しながら考えをまとめた
いなら居心地◎。没頭型だと集中できないかも。

トップの太陽が 牡牛座

慎重派のグループ

じっくり物事を進めようとします。計算できる
ものでないと、受け入れられないムード。予算や
貸し借りなど、お金に関してはルーズさは許され
ません。大胆な動きはあまりなく、安定感を求め
るなら適性あり。個性を前面に出したり、一か
八かの勝負をしたいなら、息苦しさを感じるかも。

トップの太陽が 蟹座

アットホームなチーム

仲間意識が強く、和気あいあいとしたチームカ
ラーですが、排他的なところも。外部の人や新し
い人が入ってくると、緊張が走ったり混乱が生じ
たりしがち。安心できる人や環境を変えたくない
なら、気楽なチーム。人脈を広げたり、新鮮な意
見にふれたりしたいなら、やや窮屈に感じるかも。

トップの太陽が 獅子座

「個」が集まったチーム

　やや協調性に欠けますが、個人の裁量が大きい分、オリジナリティが生まれます。自己顕示欲が強くなり、足の引っ張り合いになることも。プライドのぶつかり合いです。競争心が強いほど、自分を高めることができる環境です。成果よりも平和を求めるなら、ストレスに感じるでしょう。

トップの太陽が 天秤座

バランスの取れたチーム

　例えば、その時々で攻めと守りの役割が切り替わったり、プロジェクトごとに部署が変わったり。周りから見ると華やかな集団でもあり、おしゃれやメイクの話に興味がないと、気後れしてしまうかもしれません。とはいえ、いろいろなことを経験してみたいなら、最高のチーム。

トップの太陽が 射手座

自由なスタイルのチーム

　多少ルールから外れても、それで成果を出したり、メリットがあるのなら問題なし、というゆるさがあります。時間にルーズな傾向も。自由に何かに挑戦したいなら、うってつけの舞台です。ただし、実務に弱い部分が。自己管理力がないと、堕落しやすいかもしれません。

トップの太陽が 水瓶座

程よい距離感のチーム

　年齢、性別、学歴で区別するような雰囲気がなく、常に斬新なアイデアが出てくるでしょう。それぞれに自立心があり、必要以上に関わり合わないので、ドライとも言えます。馴れ合いを求めるなら、少しさびしく感じるかも。独自性を活かしたい人には、適性のあるチームです。

トップの太陽が 乙女座

ルールを重視するチーム

　大きな失敗や混乱を避けるために、きちんとマネジメントされるチーム。ルールや規則が厳しい分、出る杭は打たれやすく、メンバーの個性は出づらいでしょう。ちょっとした違反も冷たい目で見られるかも。厳格なタイプは安心できますが、自由を求めるなら、堅苦しく感じます。

トップの太陽が 蠍座

没頭型のチーム

　1つのプロジェクトに没頭したり、特定の人をマネジメントしたり。皆、同じ方向を向いて進むことを求められるチームです。新しい風が吹きづらい側面も。専門性を高めたいなら、とことん集中できるでしょう。ただし、疑心暗鬼になったり人間関係がもつれやすい特徴も……。

トップの太陽が 山羊座

まじめで厳格な雰囲気

　伝統や暗黙のルールを重要視するチーム。きちんと統制されているため、知らず知らずポテンシャルを引き出され、どんどん「上」に進めそうです。地位や名誉を求めるなら、このチームで結果を出すことです。独創性を求めたり、利益にこだわりがないなら浮いてしまうかも。

トップの太陽が 魚座

互いに依存し合うようなチーム

　それぞれが、深いつながりを持ちやすいチームカラーです。誰かが抜けると、大きな被害が出そう。優しくて思いやりがありますが、裏を返せば「甘え」が蔓延しやすい部分も。シビアに自己成長を望んでいるなら、少し足を引っ張られるかも。夢や理想を追う人は、いい仲間が見つかるはず。

相性分析 64 冷え切ったあの人との関係を 改善するためには?

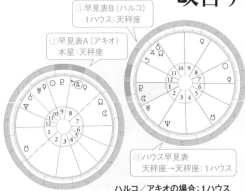

①早見表B(ハルコ)
1ハウス:天秤座

②早見表A(アキオ)
木星:天秤座

③ハウス早見表
天秤座→天秤座:1ハウス

ハルコ／アキオの場合:1ハウス

お互いに歩み寄れない関係。とはいえ、本音では仲よくしたい、あるいは立場上うまくやる必要があることも。あの人の木星、つまり希望が自分のどのハウスにあるのかが糸口に。

分析のしかた

① 早見表B(自分)から、1ハウスの星座を確認。

② 早見表A(あの人)から、木星の星座を調べる。

③ ハウス早見表から、①から見て②が何ハウスかをチェック!

あの人の木星が私にとって 1 ハウス

見た目×存在意義を伝えて

　和解を求めるなら、外見を絡めつつ、自分にとってのその人の価値を伝えるといいきっかけに。例えば「笑顔がホッとさせてくれる」とか「いつもおしゃれなところに憧れがあった」など。ただし、切実さが感じられないと、余計に距離を取られるかも。それなりのムードや場所を意識して。

あの人の木星が私にとって 2 ハウス

セッティングに力を入れて

　和解の気があるなら、まずは「場所」が重要。あの人の好きなメニューがそろうレストラン、ゆかりの深い場所など。「本気で改善しようとしている」と、言葉以前に伝えましょう。和解の気持ち＝ささやかなプレゼントを添えられると◎。相手が話している時は、遮らないのもポイント。

あの人の木星が私にとって 3 ハウス

とことん話して

　この2人の場合、話した時間が長いほど雪どけが早いです。ふいに電話をかけたり、ファミレスに誘ったりして、長話できる環境を強引にでも作って。一言でも話せれば、後はどんどん弾んで本音に近づいていくはず。話しかけても応じてくれない場合は、手紙やメールで呼びかけて。

あの人の木星が私にとって 4 ハウス

近況を共有して

　直接的な2人の関係について話すより、最近の話を振ってみて。例えば「あの映画見た?」「この間こんなことがあって〜」など。感動体験は効果的。あたかも冷え切っていない関係の体で、日常的な話題を心がけて。その流れで相手の近況や感動した話を引き出しましょう。

あの人の木星が私にとって 5 ハウス
大胆な提案を

本気で和解したいなら、少し思い切ったことをしましょう。例えば、ライブや舞台、映画などのチケットを2枚分取って、一緒に行こうと提案するなど。いろいろすっ飛ばした展開に、思わず相手は笑ってしまって気を許すことに。その打ち合わせの過程で、わだかまりを解消するのです。

あの人の木星が私にとって 6 ハウス
不意をついた思いやりを

「最近、元気なさそうに見えたから、差し入れ持ってきた」など、不意に思いやりを見せると、相手も和解の気持ちが高まります。特に、メンタル面や健康面での気遣いは効果大。おすすめのケア術を教えてあげたり、健康食品を差し入れたりすると◎。心配を、相手は謝罪と受け取るかも。

あの人の木星が私にとって 7 ハウス
積極的になりすぎないで

自分に和解の気持ちがあるからといって、それを相手に押しつけないこと。「こんなに謝ってるのに」「せっかく歩み寄ってるのに」という態度だと、相手は引いてしまうでしょう。徐々に温度を高める意識が重要です。さりげなく、2人になる時間を増やして、他愛もない会話から始めて。

あの人の木星が私にとって 8 ハウス
捨て身の覚悟で

これで突っぱねられたら、もう関係は終わらせる。それくらいの覚悟で、相手へ和解の話を持ちかけましょう。自分に問題があるなら、深い謝罪を。誰が悪いわけでもなければ、問題の根本に目を向けて、その解決に全力を尽くして。まずは、2人きりの時間を増やすことです。

あの人の木星が私にとって 9 ハウス
共通の趣味でアプローチを

好きなミュージシャンやお笑い芸人の話、自己啓発など興味のある分野、旅行などの趣味。共通の「好き」を話題にしてみて。それがきっかけで、雰囲気が柔らかくなり、意外とあっさり和解の流れになるかも。一緒に遠くへ行く体験も効果的で、出張や遠征中に雪どけになる場合も。

あの人の木星が私にとって 10 ハウス
相手の立場や実績をほめて

この人のことは決して「下に見ない」こと。ポーズでもいいので、尊敬の念を伝えましょう。特に相手の実績やポジションについて持ち上げると、いい気分に。ある程度持ち上げてから、本題の2人の問題について話してみて。「自分が上」だと思うと、大人の対応をしてくれます。

あの人の木星が私にとって 11 ハウス
共通の友人を誘って

1対1での解決に固執しないこと。共通の知り合いやチームにサポートを求めるほうが得策です。相手も、複数人でこられると、より真剣に向き合ってくれるでしょう。過去に固執しないのもポイント。2人の未来にとって何がベストか、という視点で話をしてみると心に響くはず。

あの人の木星が私にとって 12 ハウス
「きっかけ」を見逃さないで

意識的に働きかけるのは難しいかも。ただし、意外なことがきっかけで、突然、関係が改善されるようなことがあります。好きなアニメについてSNSに投稿したらコメントをくれた人が、相手のアカウントだった、なんてミラクルも。また、共通の秘密を持ってしまうのも効果あり。

65 私があの人の"心"を
支えるためにできることは？

①早見表B（ハルコ）
1ハウス：天秤座

②早見表A（アキオ）
月：獅子座

③ハウス早見表
天秤座→獅子座11ハウス

ハルコ／アキオの場合：11ハウス

大切なあの人が、本当に悩んでいる時、何をしてあげるべきなのか、あるいは何をしないでおくべきか。あの人の本心である月をもてなす、自分のハウスが教えてくれます。

▶ 分析のしかた

① 早見表B（自分）から、1ハウスの星座を確認。
② 早見表A（あの人）から、月の星座を調べる。
③ ハウス早見表から、①から見て②が何ハウスかをチェック！

**あの人の月が
私にとって** **1** **ハウス**
自分のことのように思う

客観的な意見やどこか他人事のような態度はNG。是非はともかく、「自分だったらどうするか」を優先的に伝えてあげましょう。相手の問題を、自分のことのように思えば、全力で解決策や頼るべき人を探すはず。「自分がもう1人いる」ような感覚が、あの人の心を救うのです。

**あの人の月が
私にとって** **2** **ハウス**
余裕を持たせてあげる

実利的な余裕を持たせられると、心にもゆとりが生まれて、結果的に支えることができます。金銭的な援助や仕事の紹介、異性の紹介など、実益のあるサポートこそが、あの人の心を安心させるでしょう。何かを「手伝ってあげる」ことも◎。心温まる差し入れやギフトも効果的です。

**あの人の月が
私にとって** **3** **ハウス**
長話につき合ってあげる

思い悩んでいる時は、とことん話を聞いてあげましょう。あの人は、長々と話すうちに自分の心を整理して、落ち着きを取り戻せるのです。具体的なアドバイスをするというよりは、「うんうん」「それで？」と相づちのプロとなって、どんどん言葉を引き出して。その言葉たちが、支柱に。

**あの人の月が
私にとって** **4** **ハウス**
居場所を作ってあげる

あの人が「逃げ込める場」を作ると、それが心の支えになります。例えば、会社での不満や嫌だったことを話す「グチ会」を作ったり、聞き上手なマスターがいるバーを紹介してあげたり。1つ確かなことは、「自分の話に共感してもらえる」ことが、この人の精神を安定させるということ。

あの人の月が私にとって **5** ハウス

無邪気に連れ出して

「忙しい？　明日の仕事なんて忘れて、今日は遊ぼう！」など、多少強引にでも楽しい場所に連れ出してあげて。相手は自発的に発散できない状態なので、絶大な効果が。「無理に誘われた」と言い訳できる状況も、心に余裕を持たせます。何かの作品や音楽など、一緒に作る体験も◎。

あの人の月が私にとって **7** ハウス

そっとしておいて

壁にぶつかった時ほど、1人で考えたいと思っているかも。自立した大人同士の関係という意識があり、変に世話を焼かれたくないのです。逆に言えば、勝手に調子を取り戻して、あなたのもとに帰ってくるということ。「自分で決めさせてくれる」のが心の支えになるでしょう。

あの人の月が私にとって **9** ハウス

何があっても信じて

どんな状況だろうと、自分はあなたを信じるという気持ちを伝えましょう。何があっても、少なくとも味方が1人いるという事実が、相手の心を支えることに。また、一緒に遠くに出かけると安心させたり、リフレッシュさせたりできます。切羽詰まっている相手を、旅行やドライブに誘って。

あの人の月が私にとって **11** ハウス

仲間を募って励ます

沈んでいる時に、「仲間」の存在が大きな心の支えになります。同じコミュニティの人を募って、皆で遊んだりオンライン飲み会をしたり、多様なコミュニケーションが取れる場を提供してあげましょう。特に、未来のことについて話をすると、モチベーションが高まり、前向きになるでしょう。

あの人の月が私にとって **6** ハウス

あれこれ面倒を見て

相手が何かを抱えている時は、できる限りあなたが面倒を見てあげて。日常生活のサポートをしたり、健康管理を促したり。特に雑務をこなしてあげると、神経質なあの人の負担を減らすことができそう。「何でも言って」と、気楽に応援を頼める状況を作ってあげると、かなり楽になるはず。

あの人の月が私にとって **8** ハウス

できるだけ一緒に過ごして

ただそばにいるのが、何よりも大切。何かアドバイスをしたり、手伝ったりする必要はありません。相手の気持ちに寄り添って、本当の気持ちを笑わずに聞いてあげてください。普段から信頼関係を築いておくと、引き出しやすいはず。「この人にしか話せない」という関係が心の支え。

あの人の月が私にとって **10** ハウス

功績を称えて

落ち込んだり自信をなくしている時は、相手の実績をほめてあげる。特に仕事に関する高評価は、心の支柱となります。そこに、存在意義を見出しているタイプだからです。数字はもちろん、目に見えづらい成果など、具体的にすごいところを示すと◎。成功体験について話を聞くのもあり。

あの人の月が私にとって **12** ハウス

そっと見守る

直接的に、何かを働きかけても、あまり支えにはなれない関係かも。あの人の幸せを祈りながら、遠くで見守っているのがベスト。どうしても放っておけない時は、あの人と近い関係の人に「様子がおかしい」と告げたり、負担となっている作業をさりげなく引き取ったりして、陰で支えてあげて。

Column

3人以上の相性について

　さて、基本的にCHAPTER 2では特定の人物との「1対1」の相性を分析してきました。しかし、実生活では、複数での相性が気になるシーンもあるでしょう。

　そこで役立つのが、太陽星座の「複合アスペクト」です。3人なら3つの太陽星座の角度で形成されるアスペクトのこと。もし、気になるグループが、ここで紹介する太陽星座の複合アスペクトの関係に該当する場合は、強い特徴が表れるでしょう。

　また、この関係を見る時におもしろいのが、「キーパーソン」となる人物が見えてくることです。それは、その3人のうちの1人なのか、別のグループのとある特徴を持つ人なのか……。その人の力をうまく取り入れるよう意識すると、良好な関係ができるはず！

グランドトラインの3人

最高に楽しい3人
仲よしすぎて停滞!?

　この関係は、最高の相性です。なぜなら、120度×3は、同じエレメントの組み合わせで、基本的な性質が近いからです。例の場合は、火のエレメントの星座同士の組み合わせ。これは仕事でも趣味でも、ストレスなく進められる関係です。ただし、自分たちの世界に入り込んで、排他的になってしまい、成長しなくなることも……。

📍**キーパーソン**　いずれかの星座と180度の関係の人（例の場合、風のエレメントの星座）。この人は、このチームに新しい風を吹かせる人物です。この視点が1つ入るだけで、チームの"仲"は別として、"成果"は格段に増えるでしょう。

Tスクエアの3人

違う視点を持つからこそ
意外なアイデアが

　90度×2、180度×1という、ホロスコープ上でT字を形成する3人。基本的に困難な組み合わせで、相性の悪い関係の代表格として扱われます。それは、個々の性質が違うため。逆に言えば、違う視点を持った3人。うまく噛み合えば、1人、あるいは同じ性質同士では成し得ない、大きなことをやってのける可能性を秘めています。

📍**キーパーソン**　そんな可能性を秘めた3人をうまく機能させる人物。それは、T字の縦線の先端に位置する星座の人。例の場合、牡牛座の人。このポジションが、他の2人を取り持つような意識があると、関係は劇的に発展します。

ヨッドの3人

2人がもう1人の魅力に
気づいた時に変革が！

60度×1、150度×2
という、ホロスコープ上で、
図のような二等辺三角形
を形成するトリオです。
底辺の2人の関係が良好で、頂点の人はあまり
相手にされないという構図。本来150度とは「見
えづらい」角度だからです。例の場合、蟹座と
乙女座が仲よしで、水瓶座は1人浮いている状態。
水瓶座の魅力に気づけないでいるのです。

♀ **キーパーソン** この頂点の星座の魅力に、底辺
の2人が気づいた時、大きな変革が生まれます。
例えば、頂点の星座の特技を、2人がプロデュー
スして一躍時の人となるなど。この関係性がある場
合、頂点の星座のいいところを探してみて。

グランドクロスの4人

緊張感が高いが
団結力もすごい！

すべてが90度と180度
で形成される、非常に緊
張感のある関係性です。
4者が各エレメントの代
表者のようなもので、異なる主張を述べ、譲ら
ないので、常にグループとして葛藤を抱えていま
す。ただし、同じモダリティ同士でもあるので、共通
の目的が見つかった時には、強大な団結力と推
進力を発揮します。それを見つけるのが重要。

♀ **キーパーソン** それぞれが信念を持っていて、
このグループの中の関係性は横並び。そこで、外
部の人を1人招聘すると、大きな変化が生まれます。
ミッションを提示してくれる、発想力やリーダーシッ
プのある人がベスト。

マイナー・グランドトラインの3人

心地いい関係のまま
発想力を刺激し合う

120度×1、60度×2
という、ホロスコープ上
で小さな三角形を形成す
る3人。グランドトライン
と同様に、とても仲よしの関係。しかし、のめ
り込みすぎない関係でもあります。そのため、閉
鎖的になることがなく、創意工夫を生み出せる
関係。トラブルも少なく、新しいアイデアを定期
的に出し続けられる、安定性も特徴の1つ。

♀ **キーパーソン** この中で、双方に60度の関係
を持つ人がバランサーとなります。例の場合、山羊
座です。例えば、水のエレメントの2人に、土のエ
レメントらしいアイデアをプラスすることで、刺激
を与え、マンネリ化を防ぎます。

メディエーションの3人

普通ではありえない
収穫のあるトリオ

180度という緊張関係
に、60度と120度という
調和的な角度が入って形
成される、別名「調停の
アスペクト」。緊張感を持つ180度の2人に対して、
それぞれ60度、120度の立場を取る、例の場合、
牡羊座が橋渡し役となって、2人にポテンシャル
を発揮させます。180度の2人が、意図せず手
を組むことで、想定外の収穫が生まれるのです。

♀ **キーパーソン** もちろん、この場合、60度と
120度を持つ牡羊座。具体的には、120度の関係
の人（射手座）と意思疎通をして、60度の関係の人
（双子座）と土台を作る。それが、「他にはない」ア
イデアが生まれる経路ということ。

CHAPTER

3

分析のしくみ
＋
実践的自己分析 5

さて、ここからは「自分で」ホロスコープ分析が
できるようになるためのレッスン。基本的に、惑星、星座、
ハウスをどのような方程式に当てはめると分析できるのか。
練習問題としての自己分析にもチャレンジ！

ホロスコープ自己分析のしくみ

ホロスコープ自己分析のシステムは、基本的に、とあるルールに沿って、惑星、星座、ハウスが持つ象意、キーワードを組み合わせて導き出すというものです。

これが、一丁目一番地にあるしくみ。ただし、ここまでの50の自己分析＋15の相性分析は、アスペクトや支配星の概念、エレメントやモダリティの理論など、より専門的でテクニカルな要素をフル活用して監修しています。

しかし、この一丁目一番地さえ把握しておけば、セルフで分析できることも結構多いのです。「本当の自分」というのは、定期的に見失うものですから、自己分析のすべを増やしておくことは、人生、そして日常に大いに役立つでしょう。

では、その、とあるルールとは何でしょう。それは、以下のような文の要素に、それぞれの象意を当てはめていく、というもの。

惑星	**何＋助詞**（何が、何を、何の、何に……など）
星座	**どのように〜**（早く、遅く、大きく、小さく……など）
ハウス	**場面、場所**（どんなこと、どんな場面、どんな場所……など）

いかに、腑に落ちる答えを導き出せるかは、これらの要素に当てはめる言葉、つまり象意＝キーワードを把握して、その意味から逸れずに、自分の人生や日常に当てはめることができるか。"連想力"が大事になってきます。

　占い師でいえば、いかに鑑定者の状況や心情に沿った言葉を当てはめられるかが、その人の実力であり、色でもあります。

　また、誰かとの相性については、自分とその人、2つのホロスコープを見て診断します。本書の相性分析も、専門的に監修していますが、自分で分析する場合には、アスペクト（星の角度）を見る方法がおすすめです。

　それぞれ、P160の基本ルールと例、P162〜の各惑星、星座、ハウスのキーワード集、そしてアスペクトのヒント集をチェックして、あなたなりのホロスコープ自己分析を実現しましょう。

　セルフ自己分析の例題として、基本ルールに沿った5つの項目＋分析のしくみをP171〜で紹介しています。ここでは、診断結果は、自らキーワード集から導き出し、自己分析シートに書いてみましょう。分析力が身につき、自分探しの旅のルート（選択肢）がグッと増えるはずです！

[ホロスコープ自己分析の基本ルール]

そもそも何について知りたいのか。
分析したいテーマは、「何+助詞」の惑星から選びます。
そして、それが「どのように」表れるかは星座を、
「どんな場面（側面）」「どんな場所」で表れるかをハウスで見ます。
つまり……

1 「何+助詞」

☞ 分析したいテーマを
惑星のキーワード集
から見つける

2 「どのように（どんなところ）」

☞ 星座 or ハウスのキーワード集
から導き出す

【例】

ハルコの（自己分析）5

私の苦手&課題って？

1「何+助詞」

＝苦手なことは……　**惑星** 土星

　惑星のキーワード集から、苦手・課題、または
それに類する言葉を探します。すると土星に
課題というワードが。また、苦手というワード
から連想できる、試練や制限といったワードも。
よって、土星の位置を見ます。

2「どのように」

＝規則的に動く……　**星座** 乙女座

　ハルコの土星が位置するのは乙女座。乙女
座のキーワードから、自己管理＝自分を律して
規則的に動くのが苦手……などが連想できます。
あるいは、逆に過剰に管理的（柔軟性がない）
ことが課題、という読み方もできます。

【例】

ハルコの（自己分析）9

私が心から安心できる場所って？

1「何+助詞」

＝安心が……　**惑星** 月

　惑星のキーワード集から、安心、またはそれ
に類するものを探します。すると月のキーワード
に安心という言葉が。また、安心というワードか
ら連想できる母親や本心といったワードも。よっ
て、月の位置を見ます。

2「どんな場所で」

＝得られる場所・場面… **ハウス** 1ハウス

　ハルコの月が位置するのは1ハウス。1ハウス
のキーワードから、始まりの場所＝故郷に安心
できる……など、キーワードの本来の意味から
逸脱しない範囲で連想して、自分の腑に落ちる
結果を導き出します。

星座×ハウスでより具体的に!

分析結果をさらに深めるには、星座とハウス、両側面で導き出す、という方法もあります。

【例】

ハルコの (自己分析) 9 私が心から安心できる場所って?

1 「何+助詞」

=安心が……

[惑星] 月

2 「どんな場所」

=生まれた場所で……

[ハウス] 1ハウス

3 「どのように」

=安心できるか……

[星座] 蠍座

ハルコの月は蠍座。蠍座のキーワードを見ると狭く深くといったキーワードが。つまり、生まれ場所(故郷など)で、本当に心を開いた1人、あるいは少数の人とじっくり過ごすことが、何より安心できる環境……という分析ができます。

さらに慣れてくれば、「場面」を知りたいから、惑星からではなくハウスから探ってみる、など応用力も身についてくるでしょう。

相性はアスペクトで見る!

特定の誰かとの相性を見るには、テーマ(惑星)を決めて、その惑星が位置する星座の角度、つまりアスペクトのヒント集から分析できます。

【例】

ハルコとアキオの 恋の相性

1 2人の相性のテーマを
[惑星] のキーワードから決める。

恋愛の場合、金星。

2 2人の惑星の位置する
[星座のアスペクト] からチェック。

ハルコの金星は双子座。アキオの金星は乙女座。よって、双子座と乙女座のアスペクトは 90 度。

3 [90度] のヒント集から
分析結果を導き出す。

相性の悪いエレメント同士ですが、モダリティは同じ関係。基本的に価値観は合わないことが多いでしょう。ただし、何か共通の目的があると、足並みがそろいやすい関係だと推察できます。

CHAPTER
3

分析のしくみ+実践的自己分析 5

何 ＋ 助詞

［ 惑星 ］

キーワード集

主に主語となる惑星。太陽、月、水星、金星、火星、木星、土星の7つの星が、
あなたの基本的な性質を教えてくれます。
天王星、海王星、冥王星（総称：トランスサタニアン）は、「潜在的に眠る素質」とイメージ。
それぞれの持つ意味をチェック！

◎ 太陽

意識すべきキャラクター

こうありたいという理想／表の顔／社会的な一面／公な立場／ペルソナ／誇り／プライド／アイデンティティ／顕在意識／目標／目的／人生の方向性／希望／生命力／独立／男性、父親、またはそれを連想させるもの……など。

☾ 月

無意識に表れる部分

感情／気分／本心／潜在意識／深層心理／日常習慣／行動パターン／クセ／無自覚行動／個人の欲求／安心／女性、母親またはそれを連想させるもの／幼年期に形成された人格／繊細さ／家庭環境／傷つきたくない部分……など。

☿ 水星

「コミュニケーション」に関すること

考え方／話し方／言葉／人との関わり方／コミュニケーション能力／コミュニティ／SNS／言語能力／知能／技術力／構成力／文章力／情報力／拡散力／処理能力／判断能力／好奇心／興味の対象／通信、交通に関すること……など。

♀ 金星

「愛」に関すること

恋愛／結婚／パートナー／友情／楽しみ／喜び／快楽／社交性／マナー／女性性／美しさ／ファッション／美容／おしゃれ／華やか／ゴージャス／ラグジュアリー／リッチ／芸術／アート／感性／センス／美意識……など。

※ドラゴンヘッド＆テイルは、惑星ではなく、太陽と月の通り道が重なるポイントですが、
惑星と同じように主語として見ます。

天王星

常識に縛られない
革新的な側面

変化／革命／新しい価値
観／ユニーク／独立／自由
主義／無秩序／独創的／博
愛的／発明／非凡／先端
技術／グローバリズム／パ
ラダイムシフト……など。

 海王星

実態の見えない
知られざる一面

無意識／夢／幻影／アー
ト／クリエイティブ／インス
ピレーション／スピリチュア
ル／アルコール／中毒／混
乱／非現実／妄想／曖昧
な部分……など。

 冥王星

破壊と再生の
テーマとなる部分

破壊と再生／死生観／
極端な部分／極限状態／影
響力／存在感／徹底してい
ること／人生の壮大なテー
マ／一度変えると二度と覆
らない変更……など。

 火星

「興奮」に関すること

怒り／衝突／戦い／争い／トラブル／攻
撃性／暴力／闘争心／奮起／情熱／エネ
ルギー／気力／野心／行動力／大胆／勇
気／思い切り／チャレンジ精神／主張／
個人的願望／せっかち／スピード／性的な
欲求、衝動……など。

 土星

「試練」に関すること

試練／課題／ミッション／責任／制限
／抑制／義務／ルール／規律／管理／コ
ントロール／束縛／凝固／秩序／伝統／
古い価値観／親、教師、上司など目上の
人／社会的な到達点……など。

木星

「幸福」に関すること

成功／成長／拡大／向上心／勢い／冒
険／可能性／期待／富／幸運／余裕／信
頼／善意／大らかさ／楽観性／ルーズさ
／ゆるさ／精神性／意義／道徳心／宗教
や哲学に関すること／思想／倫理／未来
のヴィジョン……など。

 **ドラゴンヘッド**

未来につながる縁

※白道(月の軌道)が黄道(太陽の見かけ上の
軌道)に、南から北へと横切る交差点。
来世／過去の経験から得た新しい方向性／人
との縁／人気運／未来を拓く縁……など。

ドラゴンテイル

過去を活かすポイント

※白道(月の軌道)が黄道(太陽の見かけ上の
軌道)に、北から南へと横切る交差点。
過去世／現世の中で十分満足したと感じるこ
と／人との縁／お金の縁／運命……など。

［ 星座 ］

キーワード集

惑星がどのように、あるいはどのような形で性質・価値観として表れるのか。
それは 12 の星座の色合いで分けられます。
12 星座のキーワードを覚えれば、人の特徴をつかむのにも役立つはず！

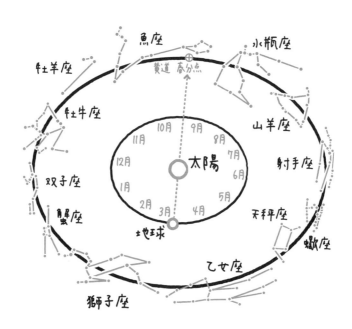

♈ 牡羊座

エネルギッシュに

始める／創る／先駆ける／生み出す／自己中心的に／挑戦的に／純粋に／熱を持って／軽はずみに／向こう見ずに／スピーディに／短絡的に／急いで／深く考えずに／衝動的に／カッとなる／怒る／頑固に／勇敢に……など。

♉ 牡牛座

安定志向で

安定して／現実的に／慎重に／マイペースに／じっくりと／味わって／保守的に／落ち着いて／計画的に／忠実に／信頼を第一に／思慮深く／感性豊かに／審美眼を活かして／生産的に／実利的に／物欲／独占欲……など。

♊ 双子座

好奇心のままに

興味本位で／知識欲／臨機応変に／新しいものを求めて／知的な／会話、言葉を楽しむ／出会いを楽しむ／つながりを広げる／文学的な／ウィットに富んで／要領よく／気まぐれに／広く浅く／快活な／一貫性がなく……など。

♋ 蟹座

何よりも思いやりを大事に

情緒的に／感情に寄り添って／受け止める／優しい／穏やかに／共感して／家庭的に／同情的に／世話を焼いて／支えて／育てて／排他的に／自信がなく／遠慮して／守りの姿勢で／過去に縛られて／母親的に……など。

♌ 獅子座

自信を持って

堂々と／活発に／華やかに／ドラマティックに／主役のように／注目されて／印象的に／ゴージャスに／派手に／晴れやかに／力強く／威厳的に／創造的に／芸術的に／目立って／陽気に／自分勝手に／自己顕示欲……など。

♍ 乙女座

まじめで利口に

実務的な／現実的な／頭脳明晰な／綿密な／洞察力／観察力／職人気質／専門的に／謙虚に／まじめに／人のために／自己管理をして／マナーを守って／几帳面に／批判的に／完璧に／木を見て森を見ず／心配性な……など。

♎ 天秤座

バランスを取って

　調和を保って／偏らず／協力的に／社交的に／愛想よく／客観的に／視野を広く／妥協して／優柔不断／八方美人／パートナー志向／洗練された／おしゃれに／華やかに／美しく／センスよく／スマートに／消極的に……など。

♐ 射手座

未知なる世界を求めて

　自由に／探求心／冒険心を持って／思索的に／行動的に／縛られずに／挑戦的に／アクティブに／向上心／大らかに／楽観的に／出たとこ勝負で／独善的に／非現実的に／宗教心／倫理的／寛容に／ルーズに／未来志向……など。

♒ 水瓶座

古い価値観を捨てて

　独創的な／画期的な／ユニークな／電撃的な／革新的な／一風変わった／クールに／平等に／ユニセックスに／グローバルに／博愛主義／自由な関係／エキセントリックな／無秩序な／ドライな／形にとらわれずに……など。

♏ 蠍座

特定の何かに没頭して

　狭く深く／没頭して／集中して／ニッチに／マニアックに／限定的に／粘り強く／執着して／情念深く／嫉妬深く／疑い深く／独占的に／官能的に／受け継いで／刺激的に／徹底的に／極端に／強烈に／秘密裏に……など。

♑ 山羊座

成果を重視して

　現実的な／組織、上下関係を大事に／伝統的に／管理的に／規律を守って／まじめに／計画的に／勤勉に／努力をして／忍耐強く／慎ましく／注意深く／支配的に／肩書を大事に／保守的に／制限をかけて／悲観的に……など。

♓ 魚座

イマジネーション豊かに

　想像力豊かな／芸術性が高く／直感的な／幻想的な／詩的な／情緒的な／理想主義の／自己犠牲的に／ロマンティックな／神秘的な／空虚な／不安な／依存的に／無意識に／曖昧／繊細に／怠惰な／自虐的に／さびしく……など。

[ハウス]

キーワード集

惑星や星座が、どんな場面、側面、場所で表れるか。
それは、自分自身の象徴である太陽が、
生まれた時間で決まる、12 のハウスのキーワードがヒントに。

1 ハウス

「自分」に関わる場

　自分自身／行動原理／始まりの場／他者から見た自分の見た目、印象、イメージ／初対面／初めての場／顔／個性／雰囲気／アイデンティティ／ペルソナ／肉体／生命／魂／生き方／自身の健康に関する場 ……など。

2 ハウス

「財産」に関する場

　お金に関する場面／財産、収入、所有物、家計に関する場面／暮らしに関すること、場面／自分の価値に関すること／食に関する場／レストラン／リッチな場／ラウンジ／高級ホテル／香りのいい場／落ち着ける場……など。

3 ハウス

「交流」に関する場

　趣味サークルなどのコミュニティ／知的好奇心が満たされる場／スクール／講座／通信の場／SNS／動画配信／メール／手紙／友人や兄弟など親しい人との交流の場／情報に関する場／本／雑誌／ネットニュース……など。

4 ハウス

「家族」に関する場

　自分のルーツに関わる場／家庭環境／故郷／地元／実家／両親／慣れ親しんだ場／穏やかな環境／父親に関する場／土地や不動産に関すること／土台、基盤となる場／帰属意識／世襲／遺伝、血縁に関すること……など。

5 ハウス

「喜び」に関する場

楽しい場／遊びに関する場／スポーツに関する場／映画館、舞台など表現に関する場／表舞台／発表会／人前／ライブ、ミュージカルなど音楽に関する場／子どもに関する場／性的な快楽の場／ギャンブルの場……など。

6 ハウス

「自己調整」に関する場

病院／リラクゼーション施設／癒やしに関する場／セラピー／カウンセリング／労働に関する場／職場／仕事環境／働き方／反省の場面／ペットに関する場／ライフスタイル／奉仕的な場面／訓練の場／ルーティーン……など。

7 ハウス

「他者」と関わる場

1対1で関わる場面／ビジネスパートナー／ライバル／恋愛に関する場／結婚に関する場／結婚式場／パーティー／社交の場／イベント／式典／訴訟の場／華やかな場／ショッピング／美容室／美容サロン／ブランド店……など。

8 ハウス

「深める」ことに関する場

特定の人、特定の分野に関する場面／専門的、マニアックな／他者の所有物に関する場／遺産に関すること／継承したもの／保険、年金、ローンに関すること、場面／葬式／死に関係する場／性的活動の場面／執着している場……など。

9 ハウス

「拡大」に関する場

領域を広げる場面／遠い土地／引っ越し／旅行／出張／新しい挑戦／宗教や哲学に関する場／神社仏閣／教会／歴史に関する場／外国／外国に関する場／高度な学問、出版、法律、広告、メディアに関する場／成長できる場……など。

10 ハウス

「社会」に関する場

会社／社会的な立場／組織での立ち位置／キャリア／仕事／天職／ビジネスに関する場／業績／権力／名誉／伝統的な場／目上の人とのコミュニケーションの場／和の文化を感じる場／古都／母親に関する場……など。

11 ハウス

「集団」に関する場

　横並びの関係／自由なコミュニティ／革新的な集団／独創的なチーム／新しいシステム／友人／サークル／グローバルな場／動画やSNSなどのオンライン空間／アバター／平和で差別のない世界／博愛的、人道的な場……など。

12 ハウス

「秘密」に関する場

　隠されたこと、場／目に見えない場／妄想／想像／潜在意識／誰にも言えないこと／神秘的な場／曖昧な関係／仮想空間／夢／逃げ込む場／避難所／懺悔室／一人の場……など。

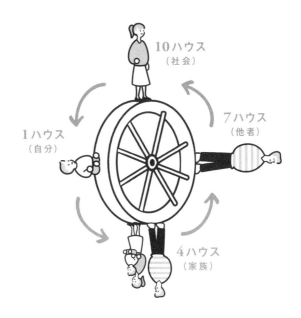

10ハウス
（社会）

7ハウス
（他者）

1ハウス
（自分）

4ハウス
（家族）

CHAPTER 3

分析のしくみ＋実践的自己分析5

[アスペクト]

ヒント集

知りたいテーマ（惑星）の相性は、その角度（アスペクト）からチェック。
一般的に、0度、60、120度が好相性、
90度、180度、30度・150度が微妙な相性とされますが、それぞれ個別の解釈は？

0度

良くも悪くも強化する

　0度は惑星が重なる、もしくは限りなく近づくことで、占星術用語でコンジャンクションといいます。重なることから、惑星の意味が強まる、一体化する、融合する、統一する、初動エネルギーなどを連想させます。

60度

友好関係を意味する

　相性のいい角度で、ポジティブな象意です。占星術用語でセクスタイルともいい、相性のいいエレメントの星座に惑星が位置。友好、相乗効果、生産性、発明、アイデア、能力向上、攻めの姿勢などを連想させます。

90度

緊張関係を意味する

　同じモダリティで、馴染みにくいエレメント同士の角度です。占星術用語でスクエアといい、矛盾のある状況で現状を打開する能力を持ち合わせます。葛藤、摩擦、障害、横やり、衝突、緊張関係などを連想させます。

120度

最も穏やかな関係

　最も相性のいい角度です。占星術用語でトラインともいい、調和、安定、現状維持などを意味。トラブルとは無縁であることが連想できます。ただし、保守的で、良くも悪くも進展、発展のない関係でもあります。

180度

最も対立する関係

　最も緊張状態を作るとされる角度。占星術用語でオポジションといい、強い影響力が。緊張感、対立、対極、衝突、苦手意識などの解釈に。相性のいいエレメントのために、うまく使いこなせば強い能力となります。

30度・**150**度

あまり関心がない関係

　占星術用語で30度はセミセクスタイル、150度はクインカスといいます。共通しているのは、ホロスコープ上で基点となる星座から見えづらい位置や死角にあること。無関係、無関心、矛盾、協力しないといった解釈に。

［ 実践的自己分析 5 ］

さて、この章では自分でホロスコープ分析をするためのしくみ＆必要なキーワード、ヒントを紹介してきました。とはいえ、いきなり自己分析をするのは難しい……と感じる人もいるかもしれません。

そこで、ここでは「ホロスコープ自己分析の基本」に沿った、分析項目＋分析のしくみだけを用意しました。まずは、わかりやすい「惑星×ハウス」のロジックから、自分なりの「分析結果」を導き出して、自己分析シートに書き込んでみてください。慣れてくれば、「分析のしくみ」自体を自分で考えられるように！　あなたは、ホロスコープ自己分析という、本当の自分を知るための、1つの手段を習得したことになるのです。

実践的自己分析

（自己分析）**66**　私がつい、見栄を張ってしまうシーンって？

どうしても素直になれない、つい自分を「盛って」表現してしまう……。自分のプライドに翻弄されがちなシーンとは？　誇りを意味する太陽のハウスから見えてくるはず。

👉 分析のしかた ‥‥‥‥‥

① 早見表Aから、太陽のハウスをチェック！

① 早見表A
太陽：7ハウス

ハルコの場合：7ハウス

67 私が成長できる
場所って？

拡大や発展を意味する木星。そのハウスの場所や場面こそが、自分を成長させるでしょう。停滞感を感じたり、無気力になったりした時こそ、このハウスを意識してみて！

▶ 分析のしかた

① 早見表Aから、木星のハウスをチェック！

①早見表A
木星：11ハウス

ハルコの場合：11ハウス

実践的自己分析

自己分析 **68** 私が心の奥で
改革を望んでいることは？

「こんな考えやシステムは不要！」と、本心では変えるべきだと思っていること。それは、改革の星、天王星があるハウスから分析できます。これを変えれば、一気に前進できそう。

▶ 分析のしかた

① 早見表Aから、天王星のハウスをチェック！

①早見表A
天王星：2ハウス

ハルコの場合：2ハウス

69 ## 私の直感（勘）が 冴えるのはどんな場面？

　理論よりも、直感や「何となく」を重視したほうがいい場面もあります。特に、インスピレーションの星である海王星があるハウスでは、意外な力が働くのです。

📖 分析のしかた

① 早見表Aから、海王星のハウスをチェック！

①早見表A
海王星：3ハウス

ハルコの場合：3ハウス

---

70 ## 私が以前、諦めた・終わった ことを復活させるカギは？

　過去の恋、諦めた夢、放り投げた仕事……。でも、もう一度チャレンジしたい！　そのカギは、破壊と再生というドラマが生まれる、冥王星のハウスにあります。

📖 分析のしかた

① 早見表Aから、冥王星のハウスをチェック！

①早見表A
冥王星：1ハウス

ハルコの場合：1ハウス

CHAPTER

3

分析のしくみ＋実践的自己分析5

Epilogue
おわりに

　私の初めての著書『マイ・ホロスコープ BOOK　本当の自分に出会える本』を手に取っていただきありがとうございました。

　この本は、説話社の占い雑誌『My Calendar』の編集部の方にお話をいただきまして、2020 年春号の「マイ・ホロスコープ BOOK」自己分析編と、2021 年春号の相性編をベースに、さらにパワーアップさせて書籍化したものです。

　〈分析のしかた〉のアイデアは、10 年以上続けている対面鑑定の中で、たくさんの方のホロスコープ、そしてその人の性質、ドラマを見てきた中で出てきたものです。そして、実は、ある方に多大な影響を受けています。私が占星術の学習を始めた当初より、コンスタントに実践的な読み方を教わった、まついなつき先生です。

　占星術の知識はもちろん、現場鑑定にも長けており、鮮やかなワードの使いこなしで、相談者や占星術学習者までを虜にしてしまう先生。そして私が特に魅力的に感じたのが、まつい先生が編み出す様々なロジックでした。長年通ったホロスコープ読み会では、毎回、予告なしに繰り出される様々な方程式を、私は必死にメモしたものです。

私は現在も対面鑑定を続けており、現役占星術師としては現場に足を運んでくださること（会いに来ていただけること）が何よりもうれしいのですが、これからの常識が、対面を極力避けることになってもおかしくはありません。

　そんな時代の流れの中で、自分がわからなくなった時、何かに迷った時、支えとなるものを作りたい。そんな思いでロジックを考案しました。

　この本の目的は、占星術のロジックを実践して、自分自身を知ってもらうことです。ホロスコープが人生のすべてではありませんが、自分を知ることによって自身の強みや弱み、様々な性質を受け入れることにより、より自分らしく無理をせず、イキイキとした毎日を過ごせると思います。

　ぜひ、この本を普段からお手元に置いて、役立ていただけるとうれしいです。

賢龍雅人

賢龍雅人
Masato Kenryu

けんりゅうまさと●射手座。長年にわたるカルチャーセンター、占いスクールでの豊富な鑑定経験を活かした丁寧な指導に定評がある。鏡リュウジ氏を主幹とする東京アストロロジー・スクールでもチューターを務める。占星術ソフトやアプリにも精通し、様々な占星術書にマニュアルを寄稿。

マイ・ホロスコープBOOK
本当の自分に出会える本

2021年6月1日　初版発行
2021年11月22日　第8刷発行

著　者　　賢龍雅人
発行者　　酒井文人
発　行　　株式会社説話社
　　　　　〒169-8077　東京都新宿区西早稲田1-1-6
　　　　　編集●03-3204-5185
　　　　　販売●03-3204-8288

編集担当　　永瀬翔太郎
編集協力　　新美静香
デザイン　　bitter design
イラスト　　中尾悠
DTP　　　　スパロウ(竹内真太郎、金城梓、菊地紗ゆり)

印刷・製本　株式会社 光邦

恋愛・結婚観

自己分析 26　私の基本的な恋愛傾向って？

自己分析 27　私の基本的な結婚観って？

自己分析 28　私の理想の相手って？

自己分析 29　私の理想の相手がいる場所って？

自己分析 30　私がパートナーに求めることって？

自己分析 31　私がどうしても許せないことって？

自己分析 32　私が好きな人にアピールする効果的な方法って？

自己分析 33　恋において私は依存的？　自立的？

自己分析 34　セックスについての私の考え方って？

自己分析 35　私は「許されざる恋」に縁がある？

仕事観・働き方

自己分析 36　私がやりがいを感じる仕事って？

自己分析 37　私はどんなチームに向いている？

自己分析 38　私が組織の中で才能を発揮しやすいポジションは？

自己分析 39　私が作業に集中できる環境・時間帯って？

自己分析 40　私のスランプ脱出＆ストレス解消法って？

自己分析 41　職場での嫉妬・怒りの対象とその向き合い方って？

自己分析 42　私はどこまで仕事にストイックになれる？

自己分析 43　私って緊張しやすい？　勝負所での力の出し方

自己分析 44　私の新しい働き方への対応力って？

自己分析 45　私の1日を締めくくる最高のご褒美って？

金銭感覚

自己分析 46　私はお金を"どう"使うタイプ？

自己分析 47　私はお金を"何に"使うタイプ？

自己分析 48　私に向いているお金の稼ぎ方って？

自己分析 49　私が出し惜しみすべきでない出費って？

自己分析 50　私が得やすい副収入、向いている副業って？

あの人との関係

相性分析 51　私とあの人の波長・テンションって合う？

相性分析 52　私とあの人でやると楽しさが倍増するものって？

相性分析 53　どんなスタンスで接するとあの人と良好な関係に？

相性分析 54　あの人との間でトラブルになりやすいことって？

相性分析 55　私があの人と手を組むと何を生み出せる？

相性分析 56　私とあの人、主導権を握るのはどっち？

相性分析 57　私とあの人、ずばりどう影響し合う？

相性分析 58　あの人のモチベーションを私が引き出すためには？

相性分析 59　あの人とケンカ中や一時的に気まずい時の対処法って？

相性分析 60　あの人が一番喜んでくれるプレゼントって？

相性分析 61　あの人と長くつき合うために意識すべきことは？

相性分析 62　2人のちょうどいい"距離感"って？

相性分析 63　私のチームの雰囲気って？

相性分析 64　冷え切ったあの人との関係を改善するためには？

相性分析 65　私があの人の"心を"支えるためにできることは？

実践的自己分析

自己分析 66　私がつい、見栄を張ってしまうシーンって？

自己分析 67　私が成長できる場所って？

自己分析 68　私が心の奥で改革を望んでいることは？

自己分析 69　私の直感（勘）が冴えるのはどんな場面？

自己分析 70　私が以前、諦めた・終わったことを復活させるカギは？